经典古文赏析

丛书主编 朱惠仙 黄擎 康绿野

丛书副主编 郑晓娟

ZHEJIANG UNIVERSITY PRESS

浙江大学出版社

·杭州·

**图书在版编目（CIP）数据**

　　经典古文赏析 / 康绿野，刘成宇主编. — 杭州：
浙江大学出版社，2023.12
　　ISBN 978-7-308-18502-8

　　Ⅰ.①经… Ⅱ.①康… ②刘… Ⅲ.①古典文学—
中国—中小学—教学参考资料 Ⅳ.①G634.303

　　中国版本图书馆CIP数据核字（2018）第182292号

## 经典古文赏析

康绿野　刘成宇　主编

| | |
|---|---|
| 责任编辑 | 武晓华　梁　兵 |
| 责任校对 | 刘宁瑶　黄伊宁 |
| 装帧设计 | 做书文化 |
| 出版发行 | 浙江大学出版社 |
| | （杭州市天目山路148号　邮政编码310007） |
| | （网址：http://www.zjupress.com） |
| 排　　版 | 杭州乐读文化创意有限公司 |
| 印　　刷 | 浙江新华印刷技术有限公司 |
| 开　　本 | 710mm×1000mm　1/16 |
| 印　　张 | 11.25 |
| 字　　数 | 116千 |
| 版 印 次 | 2023年12月第1版　2023年12月第1次印刷 |
| 书　　号 | ISBN 978-7-308-18502-8 |
| 定　　价 | 45.00元 |

# 《经典古文赏析》编委会名单

丛 书 主 编：朱惠仙　黄　擎　康绿野

丛书副主编：郑晓娟

本 册 主 编：康绿野　刘成宇

编 写 人 员：（按音序排列）

曹志成　康绿野　刘成宇　路颖颖

马君诚　王　姝　詹　玲

# 前言 | QIANYAN

中华民族传统文化博大精深，源远流长，是值得青少年学子认真研习并汲取其精华的巨大精神财富。为帮助青少年夯实古汉语基础，培养古文阅读和古诗词鉴赏的能力，在品读经典诗词和优秀散文的过程中陶冶情操，提升古典文化的修养，并促进传统文化在新时代的传承与发展，特组织经验丰富的相关专业学者、老师共同编写本丛书。

"不积跬步，无以至千里""非淡泊无以明志，非宁静无以致远"，这套丛书有一个寓意深远的名字——"积跬致远"，希望青少年读者在品读经典诗词、赏析古文名篇、学习文言词语的过程中，加深对传统文化的了解，在点滴的积累中增强人文底蕴。本丛书分为《古典诗词品读》《经典古文赏析》《文言词语选释》三卷，分别选取80首经典古诗词、80篇古文名篇，以及学习古汉语必须掌握的基本词语与包蕴古代文化内涵的词语160个，作为青少年拓展性学习的参考读物，从词义、诗词、古文三方面入手，培养青少年对古典文学的学习兴趣，更好地感受中华优秀传统文化的魅力。

《古典诗词品读》分为"词语释义""诗意品析""知识拓展"三个模块。"词语释义"，以标序注解的形式对诗词中意思较难理解的词语进行解释，帮助读者准确理解词语意思；"诗意品析"，对诗词内容进行细致解析，从用词炼字、诗词意境、思想主旨等方面进行鉴赏，帮助读者形成对经典诗词作品生动具体的感知力；"知识拓展"，介绍作者生平、名人轶事、传说典故及相关文化知识，帮助读者开阔视野，激发对古典文学和传统文化的兴趣。

《经典古文赏析》与《古典诗词品读》相仿，分为"词语释义""全文翻译""知识拓展"三个模块。"全文翻译"将古文全文翻译成规范的现代汉语，帮助读者准确理解词义和把握全文意思；"知识拓展"以简练的语言揭示文章主旨，解析所表达的深刻思想含义，并拓展相关知识。

《文言词语选释》第一个模块是"词义解释"，列出古代常用义。第二个模块是"深入解析"，即分析字形，梳理词义发展概况，必要时根据实际需要结合古文中的用例以供体会理解。上古汉语词汇以单音词为主，具有多义性的特征，而词义具有系统性，各个义项之间往往具有引申和被引申的关系。通过深入分析各个词义之间的关系，理清词义引申脉络，既有助于提纲挈领，由简驭繁，快速掌握词义，也有助于读者通过对这些词语的具体体会，掌握词义分析的方法，从而有效提高阅读古文的能力。第三个模块为"知识拓展"或"实例体会"。"知识拓展"介绍相关的基本语言学概念知识、文化史知识等，帮助读者更好地理解古代词义；"实例体会"选取中学语文教材或经典名篇中的用例，帮助读者加深理解相关的词义。为了便于初学者理解，该册所引用实例一般都翻译成相应的现代汉语。此外，我们还在单音的字头下列出古文字形体，以助了解字义，复音词则用相关图片帮助理解其含义。

本丛书不仅适用于对古典诗词和古文有一定基础的青少年读者，也可以作为古诗文爱好者的兴趣读物。在素质教育成为共识，传统文化不断升温的今天，希望本丛书能够有助于青少年读者学好古典诗词，读懂古文，在审美熏陶和点滴积累中继承并发扬中华民族优秀传统文化。

《积跬致远》丛书  主编

# 目录 | MULU

# 1 《论语》三则

《论语》

## （一）
## 吾十有五而志于学

**原文赏析**

子曰："吾十有五①而②志于学，三十而立③，四十而不惑④，五十而知天命⑤，六十而耳顺⑥，七十而从心所欲，不逾矩⑦。"

**全文翻译**

孔子说："我十五岁就立志学习，三十岁就能够立足于人世间并有所成就，四十岁遇到事情不再感到困惑，五十岁就知道哪些是人力不能改变的事情而乐知天命，六十岁时能听得进各种不同的意见并能明辨是非，七十岁可以随心所欲地做事而又不会越过规矩。"

**词语释义**

①十有（yòu）五：十五岁。有：通"又"，用在整数和小一位的数字之间。　②而：表修饰。　③立：有所成就。　④惑：迷惑，疑惑。　⑤天命：上天的旨意，指不可违背的自然规律。　⑥耳顺：指能够深刻理解听到的话中的意思。　⑦不逾（yú）矩（jǔ）：不超出规矩、法度。逾：越过，超过。矩：规矩，规范。

# （二）
## 吾日三省吾身

**原文赏析**

　　曾子①曰："吾日三省②吾身——为人谋而不忠③乎？与朋友交而不信④乎？传⑤不习⑥乎？"

**全文翻译**

　　曾子说："我每天多次反省自己的言行——替人家谋事有没有不尽心尽力的地方？和朋友交往有没有不诚实守信的时候？从老师那里学到的知识和技能，有没有反复温习、实践呢？"

**词语释义**

①曾子：即曾参（公元前505年—前435年），姓曾，名参，字子舆，孔子的得意门生，以孝出名。　②三省(xǐng)：多次反省。三：虚指多次。省：检查，反省。③忠：指对人应当尽心竭力，一心一意。　④信：诚实守信。　⑤传：传授，这里指老师传授给学生的知识、技能等。　⑥习：指反复实践练习。

# （三）
# 见贤思齐

**原文赏析**

子曰："见贤①思齐②焉③，见不贤而内④自省⑤也。"

**词语释义**

①贤：有贤德、有才华的人。②齐：向……看齐。③焉：相当于"于之"，"于"引出对象，"之"指前面提到的贤德的人。④内：在心里。⑤省（xǐng）：反省，检查。

**全文翻译**

孔子说："看见有德行、有才干的人就要想着向他看齐，看见没有德行的人，内心就要反省自己是否有和他类似的错误。"

**知识拓展**

孔子是春秋末期著名的思想家、政治家、教育家，是儒家学说的创始人。《论语》是一部记录孔子及其弟子言行、宣传孔子思想的语录体著作，由孔子的弟子和再传弟子汇编整理而成。全书共二十篇，全面阐述了孔子的政治主张、伦理思想、道德观念、教育理念、治学方法、弟子形象等，内容丰富，语言简明扼要，意义含蓄深刻。

本文所选的这三篇，分别阐述了求学和道德修养要同时提升、加强自我道德反思、以贤人为榜样不断学习的主张。一个人在成长过程中，会面临求学考验、道德考验和自我完善的考验，学习借鉴孔子的这些教育主张，对于自身的成长意义重大。"人非圣贤，孰能无过？"如果"过而能改"，则"善莫大焉"，如果还能做到孔子所说的"敏而好学，不耻下问"，那就一定会成为德才兼备的有用之才。

# 2 五十步笑百步

《孟子·梁惠王上》

## 原文赏析

梁惠王①曰:"寡人之于②国也,尽心焉耳矣③。河内④凶⑤,则移其民于河东,移其粟于河内。河东凶亦然⑥。察⑦邻国之政,无如寡人之用心者。邻国之民不加⑧少,寡人之民不加多,何也?"

孟子对曰:"王好⑨战,请⑩以⑪战喻⑫。填然⑬鼓⑭之⑮,兵刃既接⑯,弃甲曳⑰兵而走⑱。或⑲百步而后止,或五十步而后止。以五十步笑百步,则何如?"

曰:"不可。直⑳不百步耳,是亦走也。"

曰:"王如知此,则无望㉑民之多于邻国也。"

### 词语释义

①梁惠王:即魏惠王,战国时魏国的国王。因魏国的首都是大梁,故魏国亦称梁国。 ②之于:对于。之:句中舒缓语气的助词。 ③尽心焉(yān)耳矣:真是费尽心力了。尽心:费尽心思。焉耳矣:这三个字都是句末语气词,三者连用表示增强语气,相当于"啊"。 ④河内:指黄河的北边,今河南济源一带,魏国跨黄河两岸。 ⑤凶:遇到灾荒。 ⑥河东凶亦然:黄河东岸发生灾荒也是这样。河东:今山西运城一带。亦然:也是这样。 ⑦察:看。 ⑧加:更。 ⑨好:喜欢。 ⑩请:请允许我。 ⑪以:用。 ⑫喻:打比方。 ⑬填然:形容震耳的鼓声。填:拟声词,模拟击鼓的声音。然:……的样子。 ⑭鼓:敲鼓。 ⑮之:句末语助词,无实义。 ⑯兵刃既接:双方已经交锋。兵刃:兵器,武器。既:已经。接:接触。 ⑰曳(yè):拖,拉。 ⑱走:跑。 ⑲或:有人。 ⑳直:只是,只不过。 ㉑无望:不要希望。

梁惠王说："我对于国家，那可真是够尽心竭力了呀！黄河北岸发生了饥荒，我便把那里的百姓迁移到黄河东岸，同时把黄河东岸的粮食运到黄河北岸。黄河东岸遭了饥荒，我也这样办（把黄河东岸的百姓迁移到黄河北岸，把黄河北岸的粮食运到黄河东岸）。我考察邻国君主办理的政事，没有哪个国君像我这样用心的。可邻国的百姓并不因此而减少，我的百姓并不因此而增多，这是什么原因呢？"

孟子回答说："大王喜欢打仗，那就让我用打仗做比喻吧。战鼓隆隆地被敲响了，双方兵器交锋以后，有士兵扔掉盔甲拖着兵器逃跑。有人跑了一百步停下来，有人跑了五十步停下来。凭着自己只跑了五十步，而耻笑他人跑了一百步，（您觉得）那么做怎么样呢？"

梁惠王说："不可以（嘲笑他人）。只不过没有跑上一百步罢了，这也是逃跑呀。"

孟子说："大王既然知道这样，那就不要希望自己的百姓比邻国的多了。"

## 知识拓展

五十步笑百步，比喻犯有同样的错误，程度轻的嘲笑程度重的，其实两者的本质完全一样。战国时期著名思想家孟子借这个故事巧妙地讽刺了梁惠王穷兵黩武、贪权利己的本质，指出他没有看到自己施政存在的错误，规劝他要施行仁政，以百姓利益为重，顺应人民需求，造福百姓，为人民提供生产生活的条件。

仁政思想是孟子学说的核心，他对统治者提出"民为贵，社稷次之，君为轻"的政治主张，规劝统治者"得道者多助，失道者寡助"，施行仁政，促进人和。历史发展的事实证明，无论是西汉"文景之治"、东汉"光武中兴"，还是唐朝"贞观之治""开元盛世"，都体现了孟子仁政思想的正确性。

# 3 学弈

《孟子·告子上》

**原文赏析**

弈秋①，通国②之善③弈者也。使④弈秋诲⑤二人弈，其⑥一人专心致志，惟弈秋之为听⑦。一人虽⑧听之，一心以为有鸿鹄⑨将至，思援弓缴而射之⑩。虽与之俱学，弗若⑪之矣。为⑫是其智弗若与⑬？曰：非然⑭也。

**全文翻译**

弈秋是全国最善于下棋的人。（有人）让他教两个人下棋，其中一个人专心致志，聚精会神，只听弈秋的教导；而另一个人虽然也听弈秋教导，可是心里却想着天上将有天鹅飞过来，他要拉弓搭箭去把它射下来。这个人虽然与前一个人在一起学习，成绩却不如前一个人。这难道是因为他的智力不如前一个人吗？（有人）说：不是这样的。

**词语释义**

①弈（yì）秋：一位下棋高手。弈：下棋。秋：人名，因为下棋水平高，所以被称为弈秋。　②通国：全国。　③善：善于，擅长。　④使：让。　⑤诲（huì）：教导。　⑥其：其中。　⑦惟弈秋之为听：只听弈秋（的教导）。之：宾语前置的标志。"惟……之……"是宾语前置的固定结构，"惟"现在写作"唯"。　⑧虽：虽然。　⑨鸿鹄（hú）：天鹅。　⑩思援弓缴（zhuó）而射之：便想拉弓搭箭去射它。思：想。援：引，拉。缴：尾部带有丝绳的箭。　⑪弗（fú）若：不如，比不上。　⑫为：因为。　⑬与：通"欤"，语气词，相当于"吗"。　⑭然：代词，这样。

　　两人同时拜师学艺，但成绩差别很大，这显然不是因为智力上的差异。前一个弟子专心致志，学有所成，值得学习；后一个则注意力不集中，以致一事无成，应该引以为戒。每个人在求学过程中都会遇到许多困难和考验，要想成功，必须认真努力，持之以恒。宋代文学家苏轼曾说："古之立大事者，不惟有超世之才，亦必有坚忍不拔之志。"东汉时期有一位名叫高凤的读书人，一次他在照看麦子晾晒的时候，因读书太过用心，没有留意到突如其来的大雨，以致让暴雨冲走了全家赖以为生的小麦。麦子没了，但他却因为读书专心致志而在历史上留下了一个"高凤流麦"的绝佳典故。

# 4 上善若水

## 《道德经·第八章》

**原文赏析**

上善若水①。水善利万物而不争，处众人之所恶②，故几于道③。居，善地；心，善渊④；与，善仁⑤；言，善信；政，善治⑥；事，善能；动，善时⑦。夫唯不争，故无尤⑧。

**全文翻译**

最高境界的善如同水一样。水善于滋润万物而不与万物相争，它汇聚在众人都不喜欢的洼地，所以最接近"道"。居住善于选择地方，心胸善于保持深渊一样的沉静与深沉，交友善于结交仁厚、友爱的人，说话恪守信用，为政善于治理国家，处事善于发挥才能，行动善于把握时机。正因为与世无争，所以没有抱怨。

**词语释义**

①上善若水：最高境界的善就如同水。上：最，极。
②处众人之所恶(wù)：居处于常人所不愿去的地方。处：居处，引申为汇聚的意思。恶：厌恶的地方。
③几(jī)于道：即接近于道。几：接近。道：真理，正道。
④渊：深，这里指心境宁静、深沉。
⑤与，善仁：交友善于结交仁厚、友爱的人。与：与别人交往。善：善于。仁：有修养之人。
⑥政，善治：为政善于治理国家。
⑦动，善时：行动善于把握有利的时机。
⑧尤：抱怨，怨恨。

## 知识拓展

　　老子所主张的"上善若水"，恰当而全面地概括了水的美德，他指出了水具有滋养万物而不与万物发生矛盾冲突的德行，所以天下最善的莫过于水。在古代先贤看来，"民如水，君如舟；水能载舟，亦能覆舟"。所以，老子同时也告诫统治者要"政，善治"，从善如流，为民谋利。

　　自老子以后，"上善若水"就成了文化符号。古往今来，水滋养了五千年的华夏文明。水既有长江黄河的雄伟奔腾，也有小桥流水的婉约精致；既有"孤帆远影碧空尽"的留恋，也有"千里江陵一日还"的洒脱；既有"大雨落幽燕，白浪滔天"的豪迈，也有"天光云影共徘徊"的宁静；既有"飞流直下三千尺"的奔腾激越，也有"流水落花春去也"的感慨怅惘。这些文化名人用生花的妙笔，丰富多彩地诠释着水的本质——善。

# 5 北冥有鱼

《庄子·逍遥游①》

## 原文赏析

北冥②有鱼，其名为鲲③。鲲之大，不知其几千里也；化④而为鸟，其名为鹏⑤。鹏之背⑥，不知其几千里也。怒⑦而飞，其翼⑧若垂天⑨之云。是⑩鸟也，海运⑪则将徙⑫于南冥。南冥者，天池⑬也。《齐谐》⑭者，志⑮怪者也。《谐》之言曰："鹏之徙于南冥也，水击三千里，抟⑯扶摇⑰而上者九万里，去⑱以六月息⑲者也。"

## 词语释义

①逍遥游：没有任何束缚地、没有任何凭依地、自由自在地活动，不过这只能在精神世界中实现。逍遥：闲适自得、无拘无束的样子。　②北冥(míng)：北方的大海。冥：通"溟"，广阔幽深的大海。下文的"南冥"就是指南方的大海。　③鲲(kūn)：大鱼。　④化：转化，变化。　⑤鹏：传说中的大鸟。　⑥背：脊背。　⑦怒：奋起。　⑧翼：翅膀。　⑨垂天：天边。垂：通"陲"，边际。　⑩是：这。　⑪海运：指海啸。形容海动风起之时。　⑫徙(xǐ)：迁徙。　⑬天池：天然形成的池子。　⑭齐谐：这里指书名。　⑮志：记载。　⑯抟(tuán)：环绕，盘旋。　⑰扶摇：盘旋上升的旋风。　⑱去：离开。　⑲息：风。

## 全文翻译

北方的大海里有一条鱼，它的名字叫鲲。鲲非常巨大，不知道是不是有几千里那么大。鲲变化成为鸟，它的名字叫作鹏。鹏的脊背，也不知道是不是有几千里那么大。当它振动翅膀奋起直飞的时候，展开的翅膀就像天边的云彩。这只鹏鸟，每当大海刮起旋风，波涛汹涌的时候就要迁徙到南方的大海。南方的大海是一个天然的大池子。《齐谐》是一本专门记载怪异事情的书。《齐谐》里记载："鹏鸟向南方的大海迁徙的时候，翅膀激起三千里的波浪，环绕海面上的旋风直冲九万里高空，凭借着六月的大风离开。"

## 知识拓展

庄子是战国时期道家学派的代表人物，是中国文化史上有重要影响的哲学家、文学家。《逍遥游》是《庄子》的开篇之作。文章开头用夸张的手法描绘了鲲化为鹏，从北冥南迁时惊天动地的宏大场景，显示了作者极富浪漫主义的想象力和灵活自如的语言表现力。

庄子的文章，内容丰富，想象奇特，含义深刻，文笔变化多端。有的借助寓言来阐明一定的道理，如《秋水》借助不可以与井底之蛙谈论大海的比喻来告诫人们不能目光短浅、自我满足；有的采用独特的手法表达自己的思想，如《齐物论》中的"庄周梦蝶"表达"不知周之梦为蝴蝶与，蝴蝶之梦为周与"的物我合一的境界；有的借助辩论场景来表达自己的见解，如《秋水》"濠梁之辩"中的"子非我，安知我不知鱼之乐"展示出了高超的辩论能力等等。

# 6 庖丁解牛

《庄子·养生主》

**原文赏析**

庖丁①为文惠君②解牛③，手之所触，肩之所倚，足之所履，膝之所踦④，砉然向然⑤，奏刀騞然⑥，莫不中音。合于桑林⑦之舞，乃中经首之会⑧。

文惠君曰："嘻⑨，善哉！技盖⑩至此乎？"

庖丁释刀对曰："臣之所好者道也，进⑪乎技矣。始臣之解牛之时，所见无非牛者。三年之后，未尝见全牛也。方今之时，臣以神遇而不以目视，官知⑫止而神欲⑬行⑭。依乎天理⑮，批⑯大郤⑰，导⑱大窾⑲，因⑳其固然㉑。技经㉒肯㉓綮㉔之未尝㉕，而况大軱㉖乎！良庖岁更刀，割㉗也；族㉘庖月更刀，折㉙也。今臣之刀十九年矣，所解数千牛矣，而刀刃若

**词语释义**

①庖(páo)丁：名丁的厨工。　②文惠君：即梁惠王。　③解牛：肢解牛。　④踦(yǐ)：指用一条腿的膝盖顶住。　⑤砉然向然：发出砉砉的响声。砉(xū)：象声词，皮骨分离的声音。向：通"响"，响声。然：……的样子。　⑥奏刀騞然：刀刺进去时发生更大的响声。奏刀：进刀。騞(huō)然：象声词，用刀快速分割牛的声音。　⑦桑林：传说中商汤王的乐曲名。⑧经首：传说中尧乐曲《咸池》中的一章。会：节奏。　⑨嘻：赞叹声。　⑩盖：同"盍"，亦即"何"。　⑪进：超过。⑫官知：这里指视觉。⑬神欲：指精神活动。　⑭行：运动。　⑮天理：指牛体自然的肌理结构。⑯批：击，砍开。

新发于硎㉚。彼节㉛者有间㉜，而刀刃者无厚。以无厚入有间，恢恢乎㉝其于游㉞刃必有余地矣，是以十九年而刀刃若新发于硎。虽然，每至于族㉟，吾见其难为，怵然㊱为戒，视为止，行为迟㊲。动刀甚微，謋然已解㊳，如土委地㊴。提刀而立，为之四顾，为之踌躇满志㊵，善㊶刀而藏之。"

文惠君曰："善哉，吾闻庖丁之言，得养生㊷焉。"

**全文翻译**

有一个名叫丁的厨师替梁惠王宰牛，他手接触的地方，肩倚靠的地方，脚踩着的地方，膝顶着的地方，都发出砉砉的声音，刀子刺进去时发出更大的响声，这些声音没有不合乎音律的。它竟然同《桑林》《经首》两首乐曲的节奏旋律合拍。

梁惠王说："啊！太好了！你的技术怎么会达到这么高超的地步呢？"

这位名叫丁的厨师放下刀子回答说："臣下喜欢探究事物的规律，这已经超过了对宰牛技术的追求。当初我刚开始宰牛的时候，看见的无非是整头牛。三年之后，我再也看不见整头的牛了。现在宰牛的时候，臣下只

⑰郤(xì)：空隙。 ⑱导：顺着。 ⑲窾(kuǎn)：牛骨节间较大空隙处。 ⑳因：依。 ㉑固然：指牛体本来的结构。 ㉒技(zhī)经：经络。技：通"枝"，指支脉。经：经脉。 ㉓肯：紧附在骨上的肉。 ㉔綮(qìng)：筋肉连结紧密处。 ㉕未尝：不曾，这里指不曾经过肯綮。 ㉖軱(gū)：股部的大骨。 ㉗割：（用刀）割断筋肉。 ㉘族：众，指一般的。 ㉙折：（用刀）砍断骨头。 ㉚新发于硎(xíng)：刀新磨好。新：刚刚。发：出。硎：磨刀石。 ㉛节：牛骨节。 ㉜间：间隙。 ㉝恢恢乎：宽绰的样子。 ㉞游：运转。 ㉟族：指筋骨交错聚结处。 ㊱怵(chù)然：警惧的样子。 ㊲行为迟：动作也因此迟缓下来。 ㊳謋(huò)然已解："謋"的一声，牛体骨肉分离。 ㊴如土委地：像土一样堆落在地上。 ㊵踌躇满志：从容自得，心满意足。 ㊶善：通"缮"，擦拭。 ㊷养生：指养生之道。

是用精神去接触牛的身体而不用眼睛去看，眼睛停止活动了，而精神活动在进行。顺着牛体的肌理结构，劈开筋骨间大的空隙，沿着骨节间的空隙处使刀，这些都是按照牛体本来的结构来执行的，宰牛的刀从来没有碰过经络相连、骨肉联结紧密的地方，更何况大骨头呢！技术高明的厨师每年换一把刀，是因为他们用刀子去割肉；普通厨师每月换一把刀，是因为他们用刀子去砍骨头。现在臣下的这把刀已用了十九年，宰牛数千头，而刀口却像刚从磨刀石上磨出来的一样。那牛身上的骨节是有空隙的，而刀刃并没什么厚度，用没什么厚度的刀刃刺入有空隙的骨节，那么在运转刀刃时一定会感觉宽绰而有余地，因此（我的刀）用了十九年而刀刃仍像刚从磨刀石上磨出来一样。即使这样，每当碰上筋骨交错的地方，我看到那里难以下刀，就十分警惧而小心翼翼，眼神专注，动作缓慢。动刀十分轻微，牛体却哗啦一声就全部分解开来，像一堆泥土散落在地上。我提起刀站着，为我的成功而四下环顾，悠然自得，心满意足，（然后）把刀擦拭干净收起来。"

梁惠王说："太好了！我听了你的话，从中学到了养生的道理。"

## 知识拓展

庖丁解牛，举重若轻，化繁为简，刀刀到位，游刃有余。看似简单，实际上极不容易。一方面，庖丁解牛十九年，经历了长期的、繁重的、艰苦的劳动；另一方面，他善于思考，勤于探索，完全熟悉了牛的身体结构和特征，懂得何处下刀，如何运刀，因此才有成功解牛后的"踌躇满志"。

庖丁的经验告诉我们，所有的成功都源于日积月累的实践探索和研究。南北朝时期著名文艺理论家刘勰曾说："操千曲而后知音，观千剑而后识器。"这说明技艺的提高并不是一蹴而就的。无论事物多么复杂，只要反复实践，勇于探索，就能掌握事物规律，得心应手，运用自如，遇到问题也能够迎刃而解。北宋陈尧咨以射箭水平高自居，但卖油翁的现身说法，才让他真正明白"熟能生巧"的道理。

# 7 螳臂当车

《庄子·人间世》

## 原文赏析

汝①不知夫②螳螂乎？怒其臂以当车辙③，不知其不胜任也，是其才之美④者也。戒⑤之，慎⑥之。

## 全文翻译

你还不了解那螳螂吗？奋起它的臂膀去阻挡滚动的车轮，（它）不明白自己的力量不能胜任，还自以为自己的能力非常强。警戒啊！谨慎啊！

## 知识拓展

"螳臂当车"还有另一个版本的故事：齐庄公有一次坐车出去打猎，看见一只螳螂举起前臂准备与车轮搏斗。齐庄公认为这螳螂如果是人，必定是天下的勇武之士。于是调转车头，避开了它。这说明齐庄公既尊重人才，又善于笼络人心，借此招揽天下勇武之才，这是对螳螂形象正面的描绘。但是，"螳臂当车"作为一个成语，在实际的运用中螳螂却并不被比喻为出色的勇士，而是被比喻为自不量力、自视甚高，妄图抗拒某种强大力量的可笑人物。因此庄子很深刻地指出了螳臂当车的本质意义，告诫后人戒之慎之，正确认识自己的能力和水平，切勿重蹈覆辙，闹出螳臂当车的笑话。与此类似，"以卵击石"的故事则表现了不义之师（好比"卵"）用诡诈与仁德之师（好比"石"）作战，结果一定失败的道理。

# 8 东施效颦

## 《庄子·天运》

**原文赏析**

西施①病心②而颦③其里④，其里之丑人⑤见而美之⑥，归⑦亦捧心而颦其里。其里之富人见之⑧，坚⑨闭门而不出；贫人见之，挈⑩妻子⑪而去之走⑫。彼⑬知颦美，而不知颦之所以美⑭。

**全文翻译**

西施因为心口疼痛而皱着眉头在邻里间行走，邻里的一个丑女（东施）看见了，认为（西施）这个样子很美，回去后也捂着胸口皱着眉头在邻里间行走。邻里的有钱人看见了，紧闭家门不出；贫穷的人看见了，带着妻子儿女远远地跑开了。那个东施只知道西施皱着眉头好看，却不知道她皱着眉头好看的原因。

**词语释义**

①西施：也叫西子，春秋末期越国美女，今浙江诸暨人，与三国貂蝉、西汉王昭君、唐朝杨玉环并称中国古代四大美女。②病心：病于心，心口痛。病，生病。③颦（pín）：皱眉头。④其里：她的街坊邻里。里：乡里，这里指家门口。⑤丑人：指东施。东施，越国的丑女，传说为西施的邻居。⑥美之：认为她的样子很美。美：以……为美，形容词意动用法。⑦归：返回，回去。⑧之：代指东施的样子。⑨坚：紧紧地。⑩挈（qiè）：本意是用手提着，在此处是带领的意思。⑪妻子：妻子和儿女。⑫去之走：跑着躲开她。去：躲开，避开。走：跑。⑬彼：那个人，代指丑女（东施）。⑭之所以美：（西施皱眉）美的原因。

东施之所以出丑，是因为她没有认识到自身的短处，没有认真分析西施因病更美的原因，盲目模仿西施生病的样子，结果适得其反，成为人们的笑柄。这个故事告诫我们，爱美之心人人有之，但不要不顾自身条件而盲目模仿他人。

东施如果不效颦，就不会闹笑话；燕国人如果不去邯郸学步，就不会连原来的步也不会走，以致最后爬着回去。学习也好，工作也罢，我们都要保持清醒的认识和正确的判断。每个人都要正确认识自己的能力和水平，客观分析自身的优缺点，清醒认识到自己与其他优秀者的差距；要善于向他人学习借鉴，扬长避短，促进自己不断发展和提高。正所谓："知人者智，自知者明。"

# 9 运斤成风

《庄子·徐无鬼》

## 原文赏析

庄子送葬，过惠子①之墓，顾谓从者曰②："郢③人垩慢④其鼻端，若蝇翼⑤，使匠石斫之⑥。匠石运斤成风⑦，听⑧而斫之，尽垩而鼻不伤，郢人立不失容⑨。宋元君闻之，召匠石曰：'尝试⑩为寡人⑪为之。'匠石曰：'臣则尝⑫能斫之。虽然⑬，臣之质⑭死久矣。'自夫子⑮之死也，吾无以为质矣！吾无与言之矣。"

## 全文翻译

庄子送葬，经过惠子的墓地，回头对跟随他的人说："郢城有个人鼻尖上沾上了白灰，（那白灰）像苍蝇的翅膀一样大小，他让一个名叫石的木匠用斧头削掉这点白灰。木匠石挥动斧头形成一阵风，（郢人）任凭他砍下去，（木匠石）把白粉砍掉了，而（郢人的）鼻子却一点没有受伤，郢人站在

## 词语释义

①惠子：战国时宋国人，庄子的好友，也是哲学辩论上的对手。　②顾谓从者曰：回头对跟随的人说。顾：回头。谓：对……说。从者：跟随的人。　③郢(yǐng)：楚国的都城。　④垩(è)慢：白色粘土粘上。垩：白色粘土。慢：通"墁"，涂抹墙壁，这里是误抹，粘上。　⑤翼：翅膀。　⑥匠石斫(zhuó)之：让一位名叫石的木匠用斧头砍。斫：用刀斧砍、削。　⑦运斤成风：挥动斧头形成一阵风。　⑧听：听凭，任凭。　⑨失容：改变神色。　⑩尝试："尝"与"试"同义连用，试着。　⑪寡(guǎ)人：国君的谦称。　⑫尝：曾经。　⑬虽然：尽管如此。　⑭质：这里指配手，即郢人。　⑮夫子：那人，指惠子。

那里面不改色。宋元君听说这件事，召见木匠石说：'我也试试看。'木匠石说：'我确实曾经能够削掉鼻子上的白灰。尽管如此，我的配手已经死了很长时间了。（我现在再也无法做这件事了。）'自从先生去世以后，我就没有对手了，我没有可以辩论的人了。"

## 知识拓展

　　木匠石能运斤成风，郢人更是胆大自信，两人相互配合才能成功。这也说明一个道理：一个人要想取得成功，除了自己能力突出，还需他人的理解支持和配合。学生求学要想成功，不仅要靠自身的努力，还要靠同学的帮助，更需要老师的指导和家长的关心。即使是竞争对手，也能让自己在有压力的同时更有动力，更能激励自己不断进步。

　　庄子把他与惠子的关系比作木匠石和郢人的关系，是比较恰当的。既是辩论的对手，又是知己，他们之间著名的"濠梁之辩"就是因鱼儿是否快乐而引出的有趣的辩论。

# 10 涸辙之鲋

《庄子·外物》

## 原文赏析

庄周家贫，故①往贷粟②于监河侯③。监河侯曰："诺④！我将得邑金⑤，将贷子⑥三百金⑦，可乎？"庄周忿然作色⑧曰："周昨来，有中道⑨而呼者，周顾视⑩车辙，中有鲋鱼⑪焉。周问之曰：'鲋鱼来，子何为者邪⑫？'对曰：'我，东海之波臣⑬也。君岂⑭有斗升之水而活我⑮哉？'周曰：'诺，我且南游吴、越之王⑯，激⑰西江之水而迎子，可乎？'鲋鱼忿然作色曰：'吾失吾常与⑱，我无所处⑲。吾得斗升之水然活

## 词语释义

①故：因此，所以。　②贷粟(sù)：借粮。贷：借。粟：谷子，这里泛指粮食。　③监河侯：即魏文侯。　④诺(nuò)：答应的声音，表示同意。　⑤邑(yì)金：统治者在自己的封地里剥削得来的收入。邑：古代贵族受封的领地。　⑥子：您，对人的尊称，多指男子。　⑦金：计算货币的单位，战国和秦朝以一镒(yì)为一金，一金为二十两。汉代以一斤为一金。　⑧忿(fèn)然作色：心里很生气，脸上表现出怒色。作：发作。　⑨中道：道中，半路上。　⑩顾视：回头看。顾：回头。　⑪鲋(fù)鱼：鲫鱼。⑫何为者邪(yé)：做什么呢。邪：同"耶"，疑问语气词，相当于"呢"。　⑬波臣：海神的臣子。　⑭岂(qǐ)：相当于"其"，表示希望兼疑问的语气。⑮活我：使我活。活：形容词使动用法，使……活。　⑯且南游吴、越之王：将要到南方劝说吴王、越王。且：将要。游：游说、劝说。　⑰激：引(水)。⑱常与：这里指鱼所赖以生存的水。⑲所处：居住、安身的地方。⑳曾(zēng)：还，简直。㉑索我于枯鱼之肆：到卖鱼干的铺子里去找我。索：寻找。肆：店铺。

耳。君乃言此，曾⑳不如早索我于枯鱼之肆㉑！'"

## 全文翻译

庄子家境贫穷，所以去监河侯家中借粮米。监河侯说："可以，我马上要收到租税了，（到时候）借给你三百金，好吗？"庄子脸色骤变，气愤地说："我昨天来，半路上听到呼喊的声音。我环顾四周，看见干涸的车辙里有一条鲫鱼。我问它说：'鲫鱼啊，你在做什么呢？'鲫鱼回答说：'我原本是东海海神的臣子。你有没有斗升之水让我活命呢？'我说：'可以啊，我将去南方游说吴、越的国君，到时引西江水来接你，可以吗？'鲫鱼生气地说：'我失去了平常赖以生存的水，没有安身之地，我只要得到一斗或一升的水就可以活下去。你竟然说这些，还不如早点到鱼干店里去找我吧！'"

## 知识拓展

庄周因家贫而借粮，监河侯假意应对，允诺借给庄周并不存在的三百金，致使庄周借涸辙之鲋的故事来表达自己强烈的不满。故事揭示了一个道理：当别人遇到困难和危机的时候，要诚心诚意尽自己的力量去帮助，大话和空话是不能解决任何问题的。

因此，面对别人的求助，只要是合理的、急切的，被求助者能办到的，每个人都应及时伸出援助之手。在中国传统美德中，"雪中送炭"的精神一直是恒久传扬的。据《宋史》记载，宋太宗淳化四年冬天，天气非常寒冷。一天，宋太宗在皇宫安坐，他穿着紫貂裘衣，坐在温暖的屋子里，却还觉得冷。他想到天气这么冷，那些缺衣少柴的百姓很难度过冬天。于是，他把京城府尹召进宫，让他带人拿着衣食和木炭去城里各家看看，帮助那些无衣无柴，尤其是老弱病残的百姓。受到救助的人们都很感激。宋太宗因体恤民情而广受称赞，于是，历史上便留下了"雪中送炭"的佳话。

# 11 精卫填海

《山海经·北山经》

## 原文赏析

发鸠之山①，其上多柘木②，有鸟焉③，其状如乌④，文首⑤，白喙⑥，赤足⑦，名曰"精卫"⑧，其鸣自詨⑨。是⑩炎帝之少女⑪，名曰女娃。女娃游于东海，溺而不返，故⑫为精卫。常衔西山之木石，以堙⑬于东海。

## 全文翻译

有座山叫发鸠山，山上长了很多柘树。那里有一种鸟，它的形状像乌鸦，头上有花纹，白色的嘴，红色的脚，名叫"精卫"，它的叫声是在呼唤自己的名字。这鸟原来是炎帝的小女儿，名叫女娃。有一次，女娃去东海游玩，（不幸）溺水身亡，再也没有回来。因此她化为精卫鸟，经常叼着西山上的树枝和石块，用来填塞东海。

### 词语释义

①发鸠(jiū)之山：古代传说中的山名。　②柘(zhè)木：柘树，桑树的一种。　③焉：在那里。　④其状如乌：它的形状像乌鸦。　⑤文首：头上有花纹。文：通"纹"，花纹。　⑥白喙(huì)：白色的鸟嘴。　⑦赤足：红色的脚。　⑧精卫：鸟名，俗称帝女雀。　⑨其鸣自詨(xiào)：它的叫声是在呼唤自己的名字。詨：呼叫。　⑩是：这。　⑪少女：小女儿。　⑫故：因此。　⑬堙(yīn)：填塞。

## 知识拓展

　　精卫自身的力量是有限的，但它矢志填海，追求的就是一个目标，即填平东海。它展示的是一种精神，一种征服自然的坚强意志。精卫填海的故事反映了远古人民征服自然的愿望和对自身命运的不屈抗争。

　　《山海经》是我国现存最早的地理著作，全书共十八卷，记述了海内外山川、地理、部族、物产等的情况，很多方面涉及了神奇灵怪和奇异物种，保存了我国古代不少神话资料。《山海经》塑造了不少生动鲜明的神话形象，除了本文的精卫，还有表现古代人民勇敢坚韧和伟大气魄的夸父，赞扬了他们死后不忘为人民造福的崇高精神。晋代陶渊明在《读〈山海经〉》诗中，也表现出了对《山海经》中神话人物的敬佩和赞许，对他们百折不回的毅力和坚强意志的歌颂。

# 12 朝三暮四

### 《列子·黄帝篇》

## 原文赏析

宋有狙公①者，爱狙，养之成群，能解②狙之意，狙亦得公之心③。损其家口④，充⑤狙之欲⑥。俄而⑦匮⑧焉，将限狙之食，恐众狙之不驯⑨于己也。先诳⑩之曰："与若芧⑪，朝⑫三而暮⑬四，足⑭乎？"众狙皆起而怒。俄而曰："与若芧，朝四而暮三，足乎？"众狙皆伏而喜。

## 全文翻译

宋国有一个养猴的人，很喜欢猴子，把它们成群养着，他可以理解猴子的意思，猴子也可以理解他的心意。养猴的人减少他家人的口粮，用来满足猴子的需求。不久，他家里的粮食缺乏了，他准备限定猴子食物的数量，但又怕猴子不顺从自己，就先哄骗猴子说："给你们吃的橡实数量（这样安排），早上三颗晚上四颗，够吗？"猴子们都站了起

## 词语释义

①狙(jū)公：养猴的人。狙：猕猴。 ②解：理解，明白。 ③得公之心：懂得他的心意。 ④损其家口：减少家人的口粮。损：减少。 ⑤充：满足。 ⑥欲：欲望，要求。 ⑦俄而：不久。 ⑧匮(kuì)：缺乏，不够。 ⑨驯(xùn)：顺服。 ⑩诳(kuáng)：欺骗，瞒哄。 ⑪与若芧(xù)：给你们橡实吃。与：给。若：你们。芧：橡实。 ⑫朝：早上。 ⑬暮：晚上。 ⑭足：够。

来并且十分恼怒。一会儿他又说："给你们的橡实，早上四颗晚上三颗，够了吧？"猴子们都趴在地上非常高兴。

## ‖ 知识拓展 ‖

朝四暮三和朝三暮四相比，食物总量没有发生任何变化，实质没有变，却能让猕猴转怒为喜，说明养猴者很精明，善于变换名目。朝三暮四的意义被引申为反复无常、变化多端，用来谴责那些说话办事经常变卦、不负责任的人。与此相类似，战国时期，秦楚两个诸侯大国之间经常发生战争，夹在这两个大国之间的小国和一些游说之士，为保障自身安全与利益，一段时间依附秦国，一段时间依附楚国，因此他们被描述为"朝秦暮楚"。

## 13　晏子使楚

《晏子春秋·内篇·杂下》

### 原文赏析

晏子使①楚。楚人以②晏子短，为小门于大门之侧而延③晏子。晏子不入，曰："使狗国者从狗门入。今臣使楚，不当④从此门入。"傧者⑤更道⑥，从大门入。见⑦楚王，王曰："齐无人耶？使子为使⑧。"晏子对曰："齐之临淄三百闾⑨，张袂⑩成阴，挥汗成雨，比肩继踵⑪而在，何为⑫无人？"王曰："然则何为使子？"晏子对曰："齐命使各有所主⑬。其贤者使使贤主⑭，不肖者使使不肖主⑮。婴最不肖，故宜使楚矣。"

### 全文翻译

晏子出使楚国。楚王知道晏子身材矮小，就在大门的旁边开了一个五尺高的小

### 词语释义

①使：出使。　②以：因为。
③延：延请，迎接。　④当：应该。　⑤傧（bīn）者：接引宾客的人。　⑥更道：改变引导（的道路）。更：改变。道：通"导"，引导。　⑦见：拜见。　⑧使子为使：派遣你为使臣。前一个使是动词，委派，任命。后一个使是名词，使臣。　⑨闾（lǘ）：古代二十五家为一闾。　⑩袂（mèi）：衣袖。　⑪比肩继踵（zhǒng）：肩并着肩，脚挨着脚。比：并列。踵：脚后跟。　⑫何为：反问语气，为什么。　⑬齐命使各有所主：齐王派遣的使臣，各有不同的负责对象。命：委派。主：主管，负责，这里指负责的对象。　⑭贤主：贤能的国君。　⑮不肖主：无德无才的国君。

洞请晏子进去。晏子不进，说："出使到狗国的人才从狗洞进去，今天我出使到楚国，不应该从这个洞进去。"迎接宾客的人带晏子改从大门进去。晏子拜见楚王。楚王说："齐国没有人吗？竟派你做使臣。"晏子回答说："齐国首都临淄有七千多户人家，展开衣袖可以遮天蔽日，挥洒汗水就像天下雨一样，人挨着人，肩并着肩，脚挨着脚，怎么能说齐国没有人呢？"楚王说："既然这样，那为什么派你这样一个人来做使臣呢？"晏子回答说："齐国派遣的使臣，各有不同的负责对象，贤明的使者被派遣出使贤明的君主那儿，无德无能的使者被派遣出使无德无能的君主那儿，我是最无德无能的人，所以适合出使楚国。"

## 知识拓展

晏婴是春秋时期著名政治家、思想家、外交家，他才干卓越，能言善辩。内辅国政，屡谏齐王。孔子称赞晏子为君子，司马迁将其比为管仲。晏子使楚屡次受辱，但他不卑不亢，机智善辩，挫败了楚国君臣以貌取人的言行，出使不受辱，捍卫了国家利益和人格尊严，展现了杰出的政治家、外交家风度。相比之下，楚国君臣的傲慢无理和自作聪明则自取其辱。

外交无小事，使臣的一言一行都牵动着国家利益。因此杰出的外交家能够在关键时刻挺身而出，充分运用聪明才智和过人胆识维护国家利益。蔺相如不畏强秦，最终完璧归赵，逼秦王为赵王击缶，维护了赵国的尊严；唐雎不辱使命，以"士之怒"迫使秦王暂时放弃吞并安陵小国的图谋；诸葛亮舌战群儒，终于促成孙权、刘备联合，取得赤壁之战的胜利。

# 14 鲁人徙越

《韩非子·说林上》

## 原文赏析

　　鲁人①身②善织屦③，妻善织缟④，而欲徙于越⑤。或⑥谓之曰："子必穷矣⑦。"鲁人曰："何也？"曰："屦为履⑧之也，而越人跣行⑨；缟为冠⑩之也，而越人被发⑪。以⑫子之所长，游⑬于不用之国，欲使无穷，其可得乎⑭？"鲁人对曰："夫不用之国，可引⑮而用之，其用益广⑯，奈何⑰穷也？"

## 全文翻译

　　鲁国有个人自己擅长编织麻鞋，他的妻子擅长织用来做帽子的白绢，他们想搬到越国去。有人对他们说："你们搬到越国去必定会陷入困境。"鲁国人问："为什么呢？"这个人回答说："鞋是用来穿的，但是越国人光脚

## 词语释义

①鲁人：鲁国人。鲁：在今山东一带。　②身：自己，本人。　③善织屦(jù)：善于编织鞋子。善：善于，擅长。屦：鞋子。　④缟(gǎo)：白绢，鲁人用缟做帽子。　⑤徙(xǐ)于越：搬家到越国去。徙：迁徙，搬家。越：春秋时越国，在今浙江一带。　⑥或：有人。　⑦子必穷矣：您将会(因搬家)陷入困境。穷：处于困境。　⑧履(lǚ)：穿。　⑨跣(xiǎn)行：赤脚走路。跣，赤脚。　⑩冠(guàn)：帽子，这里活用为动词，做帽子。　⑪被(pī)发：披头散发。被：通"披"。　⑫以：凭借，依靠，用。　⑬游：游历，这里指移居。　⑭其可得乎：难道你能办得到吗？其：作副词用，同"岂"，难道。　⑮引：引导，带领。　⑯其用益广：它们的使用(一定会)逐渐扩大。其：它们。益：逐渐。广：扩大。　⑰奈何：为什么。

走路；白绢是用来做帽子的，但是越国人披散着头发。（你们）凭借你们的专长生活，跑到用不着（你们专长）的国家去，要想不陷入困境，怎么能办得到呢？"鲁国人反问他说："在不用我们专长的国家，我们可以引导他们穿鞋戴帽，它们的使用一定会逐渐得到推广，我们怎么会陷入困境呢？"

## 知识拓展

鲁人之所以徙越，一方面是因为在鲁国，善于编屦织缟的人不少，维持生计的难度较大。另一方面，鲁人有发展眼光，他能想到去越国发展，就是看到了鞋帽的潜在市场。随着社会的发展，越国人不能永远"被发跣行"，最终还是要戴帽穿鞋。另外，从鲁人的反驳中我们也看到了他的决心和自信，他已经预想到在越国推广鞋帽的困难，但他确立了独特的发展理念——"可引而用之"，将来一定会"其用益广"。鲁人的身上集中表现了敢为人先、知难而进、开拓创新的创业精神。因此鲁人徙越不仅仅是一个小故事，更是创业的宝贵经验。

# 15 买椟还珠

《韩非子·外储说左上》

## 原文赏析

楚人①有卖其珠②于郑者，为木兰之柜③，薰以桂椒④，缀以珠玉⑤，饰以玫瑰⑥，辑以羽翠⑦。郑人买其椟⑧而还其珠。此可谓⑨善卖椟矣，未可谓善鬻⑩珠也。

## 全文翻译

有个在郑国卖珍珠的楚国商人，他用名贵的木兰香木雕了一只盒子，并将盒子用桂椒调制的香料熏香，用珠宝和玉石点缀，用玫瑰和美玉装饰，用翡翠连缀。有个郑国人买了（装珍珠的）盒子，却把盒子里面的珠子还给了楚国商人。这只能说，这个珠宝商人很善于卖盒子，而不能说他善于卖珠宝。

## 词语释义

①楚人：楚国人。　②珠：珍珠。　③为木兰之柜：用木兰香木做盒子。为：制造。木兰：一种木纹很细的香木。　④薰(xūn)以桂椒：用桂椒香料来熏。薰：香草，这里作动词，用香料熏染。　⑤缀以珠玉：用珠子和宝玉来点缀。缀：点缀，装饰。　⑥饰以玫瑰：用玫瑰玉石来装饰。饰：装饰。　⑦辑(jí)以羽翠：用翡翠连缀。辑：通"缉"，连缀。羽翠：也作"翡翠"。　⑧椟(dú)：盒子。　⑨此可谓：这可以说。可：可以，能够。谓：说。　⑩鬻(yù)：卖。

　　郑国人买了装珍珠的木盒，却退还了珍珠，这说明他没有眼力，取舍不当，只注意商品的表面，而不注重内在品质。然而楚人过度包装，本末倒置，对次要的东西比主要的还要讲究，以至于主要经营的商品没有卖掉。可见，做什么事情都要分清主次，不能舍本逐末，喧宾夺主。不要太注重外在的东西，毕竟本质才是最重要的。

　　"秦伯嫁女"中，秦伯也犯了本末倒置的错误：他把女儿嫁给晋国的公子，却让跟着陪嫁去的婢女穿着华丽，结果导致晋国公子喜欢陪嫁的婢女，而看不起秦伯的女儿。"反裘负薪"讲的是魏文侯在路上看到一个人背着柴，但反穿皮衣，毛朝里，他说是为了保护皮衣上的毛，却不知道皮裘的里子要是磨坏了，皮裘上的毛就会失去依托。类似的，下官上交钱粮增了十倍而引起魏文侯的反思，他认识到老百姓是"皮"，统治者是"毛"，如果百姓负担太重，统治者便如反裘负薪，本末倒置，失去民心，正所谓"皮之不存，毛将焉附"。

# 16 郑人置履

《韩非子·外储说左上》

## 原文赏析

郑人①有且②置履③者，先自度其足④，而置之其坐⑤。至⑥之⑦市，而忘操之⑧。已得⑨履，乃曰⑩："吾忘持度⑪！"反归⑫取之。及反，市罢⑬，遂⑭不得履。

人曰⑮："何不试之以足⑯？"

曰："宁⑰信度，无自信⑱也。"

## 全文翻译

有个郑国人想去买双新鞋子，于是事先量了自己脚的尺码，然后把尺码放在自己的座位上。到了集市，他却忘了带上尺码。他已经拿到了鞋子，就说："我忘了带尺码。"于是返回家中拿量好的尺码。

## 词语释义

①郑人：郑国人。　②且：将要，想要。　③置履(lǚ)：买鞋子。置：购置，购买。履：鞋子。　④自度(duó)其足：自己量了脚的尺寸。度：用尺子量。　⑤而置之其坐：然后把它放在座位上。而：表示顺承的连词，连接前后两个动作。置：放，搁在。之：代词，它，指量好的尺码。坐：通"座"，座位。　⑥至：等到。　⑦之：动词，到……去，前往。　⑧操之：带上尺码。操：动词，拿，携带。之：代词，它，指量好的尺码。　⑨已得：已经拿到。　⑩乃曰：于是说。　⑪持度(dù)：拿尺码。持：拿，在本文中同"操"。度：量好的尺码。　⑫反归：返回家中。反：通"返"，返回，下文"及反"与此相同。归：回家。　⑬市罢：集市结束。　⑭遂(suì)：最终。　⑮人曰：有人问。　⑯何不试之以足：为什么不用脚试试(要买的)鞋子(合不合适)呢？之：代指要买的鞋。以：用，介词。　⑰宁(nìng)：宁可，宁愿。　⑱自信：相信自己。

等到他返回集市的时候，集市已经散了，他最终还是没有买到鞋子。

有人问："你为什么不用自己的脚去试试鞋子呢？"

他回答说："我宁可相信量好的尺码，也不相信自己的脚。"

## 知识拓展

郑人买履不成，究其原因：一是思想僵化，做事呆板，只信尺码而不信自己的脚，二是固执己见，不听劝告，认识不到自己的问题，也缺少自信。在实际生活中，人们总是犯着类似的低级错误。秦国伯乐擅长相马，写了本《相马经》，但他儿子按图索骥，把癞蛤蟆当成马抓回家，闹了笑话。有个齐国人跟赵人学弹瑟，他把赵人在瑟上调音的短柱用胶固定起来，结果胶柱鼓瑟，多年来总是弹不出一支曲子。所以，对待事物要注重客观事实，从实际出发，灵活处理，随机应变，不能墨守成规，死守教条。

# 17 曾子杀彘①

《韩非子·外储说左上》

## 原文赏析

曾子之妻之市②，其子随之而泣。其母曰："汝还，顾反③为汝杀彘。"妻适市来④，曾子欲⑤捕彘杀之。妻止⑥之曰："特⑦与婴儿⑧戏耳⑨。"曾子曰："婴儿非与戏⑩也。婴儿非有知⑪也，待⑫父母而学者也，听父母之教。今子欺之⑬，是⑭教子欺也。母欺子，子而⑮不信其母，非所以成教也⑯。"遂⑰烹⑱彘也。

## 全文翻译

曾子的妻子到集市上去，她的孩子跟随在她后面哭。孩子的母亲（曾子的妻子）说："你先回去，等我回来后杀猪给你吃。"妻子去了集市之后回来，曾子想要去抓猪准备杀了它。妻子阻止他说："我只不过是跟小孩子开了个玩笑罢了。"曾子说："不可以和小孩子开玩笑。小孩子什么都不

### 词语释义

①彘(zhì)：猪。　②曾子之妻之市：曾子的妻子到集市去。之：前一个作助词"的"，后一个作动词"到……去"。市：集市。　③顾反：回来。顾：本指回头看，这里引申为回来，与"反"同义连用。反：通"返"，返回。　④适市来：去了集市之后回来。适：往。　⑤欲：想要。　⑥止：阻止。　⑦特：仅仅，只不过。　⑧婴儿：年幼的小孩。　⑨戏耳：开玩笑罢了。戏：开玩笑。耳：罢了。　⑩非与戏：不可同……开玩笑。　⑪有知：懂事。　⑫待：依赖。　⑬子欺之：你欺骗他。　⑭是：这。　⑮而：则，就。　⑯非所以成教也：不是用来教育孩子的方法。成：促成，实现。　⑰遂：于是，最终。　⑱烹(pēng)：煮。

懂，他只学习父母的行为，听从父母的教导。现在你欺骗了他，这就是在教他欺骗人。母亲欺骗儿子，儿子就不相信他的母亲，这不是用来教育孩子的方法啊。"于是曾子就把猪杀了，并煮给孩子吃了。

## 知识拓展

　　母亲为哄孩子而戏言杀猪，用欺骗的方法对付孩子；曾子坚持杀猪，做到了言出必行，说明他很重视家庭教育，知道诚实守信对孩子成长的重要性。"曾子杀彘"的故事告诫人们要言而有信，诚实待人。自古以来，中国人就重视家庭教育，由此而形成了以道德传承为核心的家风。"孟母三迁""择邻而处"强调了环境教育的重要性。北宋欧阳修父亲早逝，家境贫困，母亲"画荻教子"，教欧阳修读书识字，最终逆境出英才，成就一代文学大家。"岳母刺字"的故事则表现了伟大母亲给儿子树立的爱国思想和报国之志。

　　"忠厚传家远，诗书继世长。"良好的家风是靠家长塑造并代代相传的，家长言行对孩子影响很大，有的甚至会影响孩子的一生。因此，家长一定要注重言传身教，为孩子树立一个良好的榜样。

# 18　自相矛盾

《韩非子·难一》

## 原文赏析

　　楚人①有鬻②盾与矛者，誉③之曰："吾盾之坚，物莫能陷④也。"又誉其矛曰："吾矛之利⑤，于物无不陷也。"或曰："以子之矛陷子之盾⑥，何如？"其人弗能应也⑦。夫不可陷之盾与无不陷之矛，不可同世而立。

### 词语释义

①楚人：楚国人。　②鬻（yù）：卖。　③誉：称赞，这里有夸耀、吹嘘的意思。④陷：穿透，刺穿。　⑤利：锐利。　⑥以子之矛陷子之盾：（如果）用你的矛刺你的盾。　⑦其人弗（fú）能应也：这个人不能回答（这个问题）。弗：不能。应：回答。

## 全文翻译

　　楚国有个卖矛和盾的人，他夸耀自己盾的坚固，说："我的盾牌坚固到没有什么东西能够刺破它！"又夸耀自己矛的锐利，说："我的矛锐利得没有什么东西是它刺不穿的！"有人追问他："如果用你的矛去刺你的盾，将会怎么样呢？"那个人无法回答。不能被刺穿的盾与没有什么不能刺穿的矛是不可能同时存在的。

## 知识拓展

　　这个楚国人在卖矛和盾时，没有立足商品实际功能，认真考虑两者之间的关系，虚假宣传，片面地夸大了矛与盾的作用，结果"过犹不及"，无法自圆其说而被他人嘲笑，实际上并不存在无坚不摧的矛和不可刺穿的盾。所以说，做人要诚实，做事要务实，做生意要真实。弄虚作假或夸大其词终究会露出马脚，招致失败，甚至自取其辱。

# 19 刻舟求剑

《吕氏春秋·察今》

## 原文赏析

楚人有涉江者①，其剑自舟中坠于水②，遽③契④其⑤舟，曰："是⑥吾剑之所从坠⑦。"舟止，从其所契者⑧入水求之。舟已行矣，而剑不行，求剑若此⑨，不亦惑乎⑩?

## 全文翻译

楚国有个渡长江的人，他的剑从船里掉到水中，他立即在船边上刻了个记号，说："这儿是我的剑掉下去的地方。"船停了，（这个楚国人）从他刻记号的地方下水寻找剑。船已经前进了，但是剑不会随着船前进，像这样寻找剑，不是很糊涂吗?

## 知识拓展

楚人刻舟求剑，只凭主观判断，用静止的观点来解决问题，没有认识到船是移动的，最终导致失败。这个故事的意义在于：一个人也好，一

### 词语释义

①涉江者：渡江的人。涉：过，渡。江：长江。者：……的人。 ②坠(zhuì)于水：掉落到江水中。坠：掉落。于：到。 ③遽(jù)：立即，迅速。 ④契(qì)：刻。 ⑤其：那，指他所乘的船。 ⑥是：指示代词，这儿。 ⑦之所从坠：(剑)掉下去的地方。之：助词，不译。 ⑧从其所契者：从他用刀刻的地方。 ⑨若此：像这样。 ⑩不亦惑乎：不也是很糊涂吗？惑：糊涂。"不亦……乎"是一种委婉的反问句式。

个国也罢，都不能拘泥成法，死守教条，不知变通。要针对具体问题，根据事物的发展和形势的变化积极灵活地采取解决问题的办法。这就是吕不韦写这篇寓言故事的目的。他还写了"表水涉澭"的故事来说明同样的道理：

楚国军队想要袭击宋，让人先在澭水边做标记。晚上澭水水位突然上涨，楚国军队不知道，顺着标记在夜晚渡水，淹死了一千多人，军队惊乱的嘈杂声如同房屋倒塌。之前做标记时，按照标记是可以通过的。现在水位上涨了，楚国军队还是顺着之前的标记通过澭水，这是他们失败的原因。

# 20 画蛇添足

《战国策·齐策二》

## 原文赏析

楚有祠者①，赐其舍人②卮③酒。舍人相谓④曰："数人饮之不足，一人饮之有余。请画地为蛇，先成者饮酒。"一人蛇先成，引⑤酒且⑥饮之，乃左手持卮，右手画蛇，曰："吾能为之足。"未成，一人之蛇成，夺其卮曰："蛇固⑦无足，子⑧安能为之足？"遂饮其酒。为蛇足者，终亡⑨其酒。

## 全文翻译

楚国有一个主管祭祀的官员，祭毕，赐给他的门客们一壶酒。这些门客商量道："（这酒）几个人一起喝不够，一个人喝则有多余。让我们在地上画蛇吧，先画好的人喝酒。"有一个人先画好蛇，拿过酒准备喝，他左手拿着酒壶，右手继续画蛇，说："我能给蛇添上脚。"他还没有画好脚，另一个人画好蛇了，夺过他的酒壶，说："蛇本来就没有脚，你怎么能给蛇添上脚呢？"于是那个人就把酒喝掉了。那个给蛇添脚的人，最终失去了他的酒。

## 知识拓展

故事中的画蛇人，明明已经先画好了蛇，取得了喝酒的权利，却要多此一举，给本没有脚的蛇添上脚，结果酒被他人夺走，真是自作聪明又自作自受。他不懂得恰到好处的道理。凡事皆有度，儒家主张的中庸之道，就是指要把握好这个度。宋玉在《登徒子好色赋》里形容一个绝色美女，这位"东家之子"，"增之一分则太长，减之一分则太短"；"著粉则太白，施朱则太赤"。真是恰到好处的美！倘若老天爷跟画蛇人一样，非要给美女添点什么，只怕"东家之子"就不那么美了。万事万物，都应找到它的平衡点。

# 21 狐假①虎威

《战国策·楚策一》

荆宣王②问群臣曰："吾闻北方之畏③昭奚恤④，果诚何如？"群臣莫对。江乙⑤对曰："虎求⑥百兽而食之，得狐。狐曰：'子无敢食我也。天帝⑦使我长⑧百兽，今子食我，是逆⑨天帝命也。子以我为不信⑩，吾为子先行，子随我后，观百兽之见我而敢不走⑪乎？'虎以为然⑫，故遂与之行。兽见之皆走。虎不知兽畏己而走也，以为畏狐也。今王之地方⑬五千里，带甲百万，而专属之昭奚恤；故北方之畏奚恤也，其实畏王之甲兵也，犹百兽之畏虎也。"

## 词语释义

①假：借，凭借。 ②荆宣王：即楚宣王，公元前370年—前340年在位。 ③畏：害怕。 ④昭奚(xī)恤(xù)：著名将领，担任楚国令尹(yǐn)，是楚国最高军政首脑。 ⑤江乙：魏国人，当时在楚国做官。 ⑥求：寻找。 ⑦天帝：古代神话仙界的最高统治者。 ⑧长(zhǎng)：掌管。 ⑨逆：违背。 ⑩信：真实。 ⑪走：逃跑。 ⑫然：对的，正确的。 ⑬方：方圆。

**全文翻译**

楚宣王问群臣，说："我听说北方各国都害怕昭奚恤，果真是这样吗？"群臣无人回答，江乙回答道："老虎寻找各种野兽吃，找到一只狐狸。狐狸对老虎说："你不敢吃我，天帝派我掌管百兽。如果你吃掉我，这是违背了天帝的命令。你要是认为我说的不是真的，那我在前面走，你跟在我后面，看看群兽见了我，有敢不逃跑的吗？'老虎信以为真，就和狐狸同行。野兽看见它们（果然）都逃跑了。老虎不明白野兽是害怕自己才逃跑的，以为它们是害怕狐狸。现在大王的国土方圆五千里，大军百万，都交给昭奚恤统领；所以，北方各国害怕昭奚恤，其实是害怕大王的军队，这就跟群兽害怕老虎一样啊。"

## 知识拓展

　　狐假虎威里的狐狸足够聪明，假借老虎的力量，得以耀武扬威。一旦剥去它的画皮，就会不堪一击。《伊索寓言》也有"驴蒙狮皮"的故事。古人一直告诫我们，狐狸也好，驴也好，都是依靠外在的凭借才显得强大，实则是孔子眼中色厉内荏的小人。他们如同穿墙挖壁的盗贼，看上去道貌岸然，窃取别人的敬畏，实则内心怯懦，唯恐被人识破。只要我们善于去伪存真，明辨是非，弄清真相，就不会被狐假虎威式的人物所蒙蔽。当然，如果你是那只虎，就千万要小心，不要被狐狸利用；而如果你是狐狸，最好增强自己的能力，以免有一天，被戳破伪装，成为过街老鼠，人人喊打。

# 22 三人成虎

《战国策·魏策二》

《战国策·魏策二》

## 原文赏析

庞葱①与太子质②于邯郸③，谓魏王曰："今一人言市有虎，王信之乎？"王曰："否。""二人言市有虎，王信之乎？"王曰："寡人疑之矣。""三人言市有虎，王信之乎？"王曰："寡人信之矣。"庞葱曰："夫市之无虎明矣，然而三人言而成虎。今邯郸去④大梁⑤也远于市，而议⑥臣者过于三人矣。愿王察之矣。"王曰："寡人自为知。"于是辞行，而谗言先至。后太子罢⑦质，果不得见。

### 词语释义

①庞葱：人名，战国时魏国的大臣。　②质：做人质。③邯郸(hán dān)：地名，赵国的都城。　④去：距离。　⑤大梁：地名，魏国的都城。　⑥议：诽谤。⑦罢：停止，结束。

## 全文翻译

庞葱要陪魏国太子去赵国邯郸做人质。庞葱对魏惠王说："现在有一个人说集市上有老虎，大王相信吗？"魏王说："不信。"

"有两个人说集市上有老虎，大王相信吗？"魏王说："我有些半信半疑。""有三个人说集市上有老虎，大王相信吗？"魏王说："我相信了。"庞葱说："集市上没有老虎是很明显的事，可有三个人说有老虎，就像真的有老虎了。现在邯郸距离大梁比王宫距离集市远得多，而前来说臣下坏话的人将远远超过三个人。希望大王能够明察。"魏王说："我自己知道分辨。"于是庞葱辞别魏王，他还在路上谗言就已经传到国内。后来太子不再做人质，回到魏国，庞葱果然没能再得到魏王召见。

## 知识拓展

庞葱早就料到谣言的可怕之处，他用"三人成虎"提醒魏王，注意那些给他进谗言的小人。集市本无老虎，说的人多了便真成了有老虎。《战国策》里还讲了曾参杀人的故事。曾子虽然贤良，但是他的母亲连续听了三个人说儿子杀人，最初她不相信，最后竟然害怕得跳墙逃走。战国时的另一位著名策士张仪，连用"积羽沉舟""群轻折轴""众口铄金"和"积毁销骨"四个成语，证明舆论作用极大。众口一词足以熔化金属，毁灭骨肉；流言可畏，足以颠倒是非，置人于死地。孔子曾因季孙的诋毁，被鲁国放逐；墨子也因子罕之计，遭到宋国的囚禁。孔墨这样的圣贤都难抵挡众口悠悠，何况你我这样的普通人呢？认识到这一点，我们才有可能拨开谣言的迷雾，学会明辨是非，坚定对人对己的信心。

# 23 南辕①北辙②

《战国策·魏策四》

## 原文赏析

魏王欲攻邯郸，季梁③闻之，中道而反④，衣焦⑤不申⑥，头尘不去，往见王曰："今者臣来，见人于大行⑦，方北面而持其驾，告臣曰：'我欲之⑧楚。'臣曰：'君之楚，将奚为北面？'曰：'吾马良。'臣曰：'马虽良，此非楚之路也。'曰：'吾用⑨多。'臣曰：'用虽多，此非楚之路也。'曰：'吾御者善。''此数者愈善，而离楚愈远耳！'今王动欲成霸王，举欲信于天下。恃王国之大，兵之精锐，而攻邯郸，以广⑩地尊⑪名，王之动愈数⑫，而离王⑬愈远耳。犹至楚而北行也。"

## 词语释义

①辕(yuán)：车杠，车前驾牲口的两根直木，表示车前进的方向。　②辙：车轮在路上留下的痕迹，表示车走的道路。③季梁：魏臣，开儒家学说先河的重要学者之一。④反：通"返"，返回。　⑤衣焦：衣裳皱缩不平。　⑥申：伸展，舒展。　⑦大行(háng)：大路。　⑧之：前往，到……去。　⑨用：盘缠，资费。　⑩广：使动用法，使……广大。　⑪尊：使动用法，使……尊崇。　⑫数(shuò)：频繁。　⑬王(wàng)：动词，称王。

## 全文翻译

魏王准备攻打邯郸，季梁听说后，半路返回，来不及抻平皱缩的衣服，洗去头上的尘土，就忙着拜见魏王，说："今天我来的时候，在大路上遇见了一个人，正在面朝北面驾着他的车，他告诉我说：'我想到楚国去。'我说：'您去楚国，为什么往北走呢？'他说：'我的马好。'我说：'马虽好，但这不是去楚国的路。'他说：'我的路费很多。'我说：'路费虽多，但这不是去楚国的路。'他说：'我的车夫善于驾车。''这几个条件越好，离楚国就越远了！'大王行动是想成为霸王，举止是想取信于天下。倚仗魏国国土广大，武器精良，而去攻打邯郸，以使土地扩张，使声名尊崇。大王这样的行动越多，那么（您）距离称王的事业就越来越远了。这就如同想去楚国却往北走一样。"

## 知识拓展

季梁用"南辕北辙"的故事来劝谏魏王，其实已经将"王道"与"霸道"的区别剖析得一清二楚。儒家的"王道"，反对"以力服人"，主张"以德服人"，实行"德治"，施行"仁政"。与之相反的则是法家的"霸道"，侧重以武力、刑法、权势等统治天下。孔子、孟子周游列国，宣扬"王道"，却没有一个君主肯接受"民为贵，社稷次之，君为轻"的理念，肯采纳他们实行仁政的主张。那些君主和故事中的魏王一样，以为可以倚仗武力取胜。殊不知，武力或可实现短暂的霸业，但不可能成就恒久的"王道"。在漫长的封建社会进程中，"王道"与"霸道"之争，还将继续。但我们只要联想到"水能载舟，亦能覆舟"的道理，就会明白，民心不是仅凭武力就能维系，单纯的"霸道"必定不能长治久安，只会"南辕北辙"。

# 24 鹬蚌相争

《战国策·燕策二》

## 原文赏析

赵且①伐燕,苏代②为燕谓惠王③曰:"今者臣来,过易水,蚌方出曝④,而鹬⑤啄其肉,蚌合而拑⑥其喙。鹬曰:'今日不雨⑦,明日不雨,即有死蚌。'蚌亦谓鹬曰:'今日不出,明日不出,即有死鹬。'两者不肯相舍,渔者得而并禽⑧之。今赵且伐燕,燕、赵久相支⑨,以弊⑩大众,臣恐强秦之为渔父也。故愿王之熟⑪计⑫之也。"惠王曰:"善。"乃止。

## 全文翻译

赵国将要攻打燕国,苏代为燕国向赵惠文进言说:"我今天来,路过易水,看见一只河蚌刚刚出来晒太阳,鹬鸟啄住了它的肉,河蚌夹住了鹬鸟的嘴。鹬鸟说:'今天不下雨,明天不下雨,就有死蚌。'河蚌也

### 词语释义

①且:将要。 ②苏代:苏秦的弟弟。 ③惠王:赵惠文王,公元前299年—前266年在位。 ④曝(pù):晒太阳。 ⑤鹬(yù):一种水鸟,羽毛呈茶褐色,嘴和腿都细长,常在浅水边或水田中捕食小鱼、昆虫、河蚌等。 ⑥拑(qián):同"钳",夹住。 ⑦雨(yù):动词,下雨。 ⑧并禽:一起抓住。并:一起。禽:通"擒",捕捉,抓住。 ⑨相支:相持,对峙。 ⑩弊:形容词使动用法,使……疲敝。 ⑪熟:深思熟虑。 ⑫计:动词,考虑,谋划。

对鹬鸟说:'今天不抽嘴出来,明天不抽嘴出来,就有死鹬。'鹬鸟和河蚌互不相让,渔翁就把鹬鸟和河蚌一齐抓住。现在赵国准备攻打燕国,燕、赵长期相持不下,就会使老百姓疲惫不堪,我担心强大的秦国会成为'渔翁'。所以希望大王认真考虑出兵之事。"赵惠文王说:"好。"于是停止出兵攻打燕国。

## 知识拓展

赵国和燕国一旦开战,互不相让,一定要争出个胜负,那么胜利者就会是强秦。苏代用"鹬蚌相争"的故事成功打消了赵惠文王进攻燕国的念头。苏代深谙老子的"不争"思想。老子主张清静无为,恬淡率性,与世无争,这样方能"柔弱胜刚强"。"夫唯不争,故天下莫能与之争!"所谓"不争",不是放弃一切,而是以"不争"反立于不败之地。赵惠文王从谏如流,放弃出兵,看似不争,实则对内富国强兵,对外有理有节。他任用名将贤相,以乐毅、平原君为相,蔺相如为上卿,廉颇、赵奢为将,因而赵国有蔺相如"完璧归赵"、廉颇"负荆请罪"等美谈。赵惠文王在位时,赵国政治清明,国力强盛,"尝抑强齐四十余年,而秦不能得所欲",一度迫使强秦废除帝号,归还失地。赵国成为阻挡秦国东进的重要屏障。放弃一时之争,成为一代强国君主,赵惠文王的选择,正是老子"不争之德"的实现。

# 25 女娲补天

《淮南子·览冥训》

往古之时，四极废①，九州②裂，天不兼③覆，地不周④载。火爁焱⑤而不灭，水浩洋⑥而不息。猛兽食颛⑦民，鸷鸟⑧攫⑨老弱。于是女娲⑩炼五色石以补苍天，断鳌⑪足以立四极，杀黑龙以济⑫冀州⑬，积芦灰以止淫水⑭。苍天补，四极正，淫水涸⑮，冀州平，狡虫⑯死，颛民生。

**全文翻译**

上古时候，支撑天的四根天柱倾折，大地塌陷崩裂，天不能全部覆盖，地不能完全承载。大火熊熊燃烧不停息，洪水汹涌泛滥不消退。猛兽吞食善良的人民，凶猛的禽鸟抓取老弱之人。在这种情况下女娲炼出五色石来补青天，斩断大龟的脚来做支撑天空的四根柱子，杀死黑龙来拯救冀州，用芦苇的灰烬来堵塞泛滥的洪水。苍天得以修补，四

**词语释义**

① 四极废：天柱倾折。四极：古人认为天圆地方，天的四边有四根柱子撑着，即"四极"。废：倒塌。 ② 九州：古代中国分为冀、兖、青、徐、扬、荆、梁、雍、豫九州，九州代称中国。 ③ 兼：尽，全部。 ④ 周：完全，普遍。 ⑤ 爁(làn)焱(yàn)：大火蔓延不绝的样子。 ⑥ 浩洋：大水泛滥的样子。 ⑦ 颛(zhuān)：善良的。 ⑧ 鸷(zhì)鸟：凶猛的鸟。 ⑨ 攫(jué)：抓取。 ⑩ 女娲(wā)：传说伏羲氏的妹妹，人头蛇身，用黄土造人。 ⑪ 鳌(áo)：大海龟。 ⑫ 济：救。 ⑬ 冀(jì)州：古代九州之一，这里指中原地带。 ⑭ 淫水：泛滥的洪水。 ⑮ 涸：水干。 ⑯ 狡虫：凶猛的鸟兽。

根天柱重新竖起，洪水退了，冀州太平了，恶禽猛兽死去了，善良的百姓活了下来。

## 知识拓展

　　有关女娲的传说很早就开始流传。屈原在《楚辞·天问》里说："女娲有体，孰制匠之？"这其实是在追问，女娲按照自己的形象用黄土捏出了人类，那女娲的形象又是谁创造的？王逸在注中提到："女娲人头蛇身，一日七十化。"这是何等神奇！《淮南子》中女娲补天的神话，更是气势恢宏。女娲的子孙把"补天"精神很好地继承下去。宋代黄庭坚《和邢惇夫秋怀（之八）》有云："许国输九死，补天炼五色。"清人屈复《题元遗山后》写道："今古宁无炼石手，补天原不用金针。"他们都以"补天"喻指济世安民的抱负。《红楼梦》反其意而用之，说贾宝玉是补天顽石多下来的那一块，"无才可去补苍天，枉入红尘若许年。"

# 26 指鹿为马

## 《史记·秦始皇本纪》

**原文赏析**

八月己亥①，赵高②欲为乱，恐群臣不听，乃先设验③，持鹿献于二世④，曰："马也。"二世笑曰："丞相误邪？谓鹿为马。"问左右，左右或默，或言马以阿顺⑤赵高，或言鹿。高因⑥阴中⑦诸言鹿者以法。后群臣皆畏高。

**全文翻译**

八月己亥日，赵高想造反，他害怕群臣不听从自己，于是先设法试探，牵了一头鹿献给秦二世，说："这是马。"二世笑着说："丞相错了吧？把鹿叫作马。"赵高就问左右大臣，大臣们有的默不作声，有的说是马来迎合赵高，有的说是鹿。赵高（后来）就借机陷害那些说是鹿的人触犯法律（来清除异己）。此后，群臣都畏惧赵高。

**词语释义**

①八月己亥：秦二世三年即公元前207年八月己亥日，古人用干支纪日。 ②赵高：秦太监，后篡权为丞相。 ③验：试验。 ④二世：名胡亥，秦始皇第十八子，秦朝第二位皇帝，即秦二世，亦称二世皇帝，公元前210—前207年在位。 ⑤阿（ē）顺：阿谀奉承，迎合。 ⑥因：借机。 ⑦阴中（zhòng）：暗中构陷。阴：暗中，偷偷的。中：动词使动用法，使……在范围之内，这里指使用手段把不迎合自己的人置于法律惩处的范围之内。

# 经典古文赏析

**知识拓展**

　　赵高虽然还不是后世意义上的宦官，但他在宫中内廷任职，接近权力中枢，其后发动沙丘政变，与丞相李斯合谋伪造诏书，改立秦始皇幼子胡亥为帝，欺上瞒下，结党营私，为所欲为，以致指鹿为马。历史上，类似的还有东汉十常侍之首张让，唐代拥立代宗的李辅国，北宋手握兵权的"媪相"童贯，明朝的"立皇帝"刘瑾，"九千岁"魏忠贤等不一而足。封建专制时代，近侍太监往往是皇帝最亲近的人，拥有了皇帝的信任，他们就开始为所欲为。但当他们权势熏天的时候，他们一定没有想到"权不过十年"这句话。他们擅权干政，使他们所依附的王朝迅速衰败。"皮之不存，毛将焉附？"倚仗权势的人，最终都不会有好下场。

# 27 破釜沉舟

《史记·项羽本纪》

## 原文赏析

项羽已杀卿子冠军①，威震楚国，名闻诸侯。乃遣当阳君②、蒲将军将卒二万渡河，救巨鹿。战少③利，陈余复请兵。项羽乃悉引兵渡河，皆沉船，破釜甑④，烧庐舍⑤，持三日粮，以示士卒必死，无一还心。于是至则围王离，与秦军遇，九战⑥，绝其甬道，大破之，杀苏角，虏王离。涉间不降楚，自烧杀。当是时，楚兵冠诸侯。诸侯军救巨鹿下者十余壁⑦，莫敢纵兵⑧。及楚击秦，诸将皆从壁上观。楚战士无不一以当十，楚兵呼声动天，诸侯军无不人人惴恐⑨。于是已破秦军，项羽召见诸侯将，入辕门⑩，无不膝行⑪而前，莫敢仰视。项羽由是始为诸侯上将军，诸侯皆属⑫焉。

## 词语释义

①卿子冠军：项羽所杀的卿子冠军是上将军宋义。卿子：尊称，公子。冠军：全军之冠。　②当阳君：即黥(qíng)布，当阳君是其封号。③少：义同"稍"，稍微，略微。　④釜(fǔ)甑(zèng)：古代炊煮器具。釜是古代的锅，甑是古代蒸饭的一种陶器，底部有许多透蒸气的孔，放在鬲(lì)上蒸煮，如同现代的蒸锅。　⑤庐舍：房屋，此处指营房。　⑥九战：多次打仗，九泛指多次。　⑦壁：营垒，这里作营垒的量词。　⑧纵兵：出兵开战。　⑨惴(zhuì)恐：恐惧。　⑩辕门：古时军营的门，驻扎时用兵车围护，出入的地方竖起两辆车子，让车辕相对，表示门，称为辕门。　⑪膝行：膝盖着地走路，即跪行。　⑫属：归属。

## 全文翻译

项羽已经杀了卿子冠军（上将军宋义），威名震动楚国，在各诸侯间传扬。于是（项羽）派遣当阳君、蒲将军率领两万人渡过漳河，救援巨鹿。战争稍微取得些胜利，陈余又来请求增援。项羽就率领全部军队渡过漳河，沉掉船只，砸破饭锅，烧毁军营，只带上够吃三天的干粮，以此向士兵们表示要决一死战，没有丝毫退缩之心。在这样的情况下，军队一到前线，就包围了王离，与秦军相遇，交战多次，阻断了秦军的甬道，大败秦军，杀死了苏角，俘虏了王离。涉间不肯降楚，自焚而死。正当这个时候，楚军强大，居诸侯之首。前来救援巨鹿的诸侯有十几座营垒，却没有一个敢发兵出战。楚军攻击秦军时，各路将军都躲在营垒中观望。楚军战士无不一以当十，士兵们杀声震天，诸侯军人人胆战心惊。在这样情况下项羽打败秦军以后，召见诸侯将领，诸侯将领进辕门时，没有一个不是跪着用膝盖向前走的，没有一个敢抬头仰视。这样，项羽从此开始成为诸侯的上将军，各路诸侯都归属于他。

## 知识拓展

《孙子兵法》中描述了九种军事地理，其中一种为"死地"。作战时把军队放置在无法退却、只能战死的境地，兵士就会奋勇前进，杀敌取胜。项羽破釜沉舟，正是运用了"置之死地而后生"的兵法。巨鹿之战是军事史上著名的以少胜多的战役。无独有偶，韩信也曾"背水一战"，大获胜利。当人们陷入绝境时，绝境往往能激发出人们意想不到的力量。任何事如果不考虑退路，就能痛下决心，取得意想不到的成功。这是兵法，也是人生的法则。

# 28 四面楚歌

《史记·项羽本纪》

**原文赏析**

项王军壁①垓下②，兵少食尽，汉军及诸侯兵围之数重。夜闻汉军四面皆楚歌③，项王乃大惊曰："汉皆已得楚乎？是何楚人之多也！"项王则夜起，饮帐中。有美人名虞④，常幸⑤从；骏马名骓⑥，常骑之。于是项王乃悲歌慷慨，自为诗曰："力拔山兮气盖世，时不利兮骓不逝⑦。骓不逝兮可奈何⑧，虞兮虞兮奈若何⑨！"歌数阕⑩，美人和⑪之。项王泣数行下，左右皆泣，莫能仰视。

**词语释义**

①壁：动词，此处指筑营。
②垓(gāi)下：古地名，今在安徽省灵璧县。 ③楚歌：楚地民歌。 ④虞：美人的姓。 ⑤幸：宠爱。 ⑥骓(zhuī)：毛色黑白相间的马。
⑦逝：向前奔跑。 ⑧可奈何：怎么办。 ⑨奈若何：把你怎么安排。若：你。
⑩数阕(què)：几遍。乐曲每终了一次叫一阕。 ⑪和(hè)：应和歌唱。

**全文翻译**

项王的军队在垓下筑营，兵少粮尽，汉军及诸侯兵把他层层包围。晚上听到汉军在四面唱着楚地民歌，项王于是大惊，说："难道汉军已经取得楚地了吗？为什么楚国人这么多呢？"项王就连夜起来，在帐中饮酒。有个美人姓虞，一直受到项王宠爱，跟在身边；有匹骏马名叫骓，项王经常骑它。想到这些，项王慷慨悲歌，自己作诗吟唱道："力能拔山呀英雄气概举世无双，时运不济呀骓马不再前进！骓马不前进呀可怎么办？虞姬呀虞姬该怎么安排你？"项王唱了几遍，美人虞姬在一旁应和。项王流下了眼泪，左右侍者也都跟着落泪，没有一个人能抬起头来看他。

## 知识拓展

在秦末各路起义军中，项羽和刘邦是最杰出的两位。群雄逐鹿，最终演变为楚汉争霸，一决雌雄。项羽虽败，但他力能扛鼎，破釜沉舟，五年霸有天下，这些英雄业绩仍令人赞叹不已。四面楚歌，项羽英雄末路，唯有虞姬、乌骓马不离不弃，誓死跟从。他自唱楚歌，感慨"时不利兮骓不逝"，在汉军的重重包围之下，斩将刈旗，突围而出。楚霸王柔情万千别虞姬，他厌倦争战，无颜以对江东父老。他尽管到死也没有认识到自己刚愎自用、恃仗武力的错误，却依然是一位力拔山河、豪气盖世又有情有义、可歌可泣的英雄。刘邦在楚汉争霸中，能屈能伸，从谏如流，狡黠多谋，虽然一再被项羽打得落花流水，却笑到了最后。刘邦这天下赢得不容易，他利用韩信、英布等人合力打败项羽。刘邦称帝后，便为这些手握兵权、骁勇善战的功臣真真假假的谋反坐卧不安。在平定英布的战争中，刘邦顺道归乡，也唱了一首《大风歌》："大风起兮云飞扬，威加海内兮归故乡，安得猛士兮守四方。"前两句有胜利者的得意，君王的威严，最后一句却流露出不尽的苍凉。刘项争夺的天下，是累累白骨换来的。而不管是短暂的西楚，还是王祚绵长的汉王朝，最后也都"荒冢一堆草没了"。

**29　鸟尽弓藏**

《史记·越王勾践世家》

**|原文赏析|**

　　范蠡遂去<sup>①</sup>，自齐遗<sup>②</sup>大夫种<sup>③</sup>书曰："蜚<sup>④</sup>鸟尽，良弓藏；狡兔死，走狗烹。越王为人长颈鸟喙<sup>⑤</sup>，可与共患难，不可与共乐，子何不去？"种见书，称病不朝。人或谗<sup>⑥</sup>种且<sup>⑦</sup>作乱，越王乃赐种剑曰："子教寡人伐吴七术<sup>⑧</sup>，寡人用其三而败吴，其四在子，子为我从先王试之。"种遂自杀。

**|全文翻译|**

　　范蠡于是离开了越王，从齐国给大夫文种送去一封信。信中说："飞鸟被射完了，弓箭就会被藏起来；兔子被打死了，猎狗就会被煮了吃。越王为人长颈项，尖嘴巴，（这样面相的人）只可与之共患难，不可与之共享乐，你为何不离开？"文种看过信后，声称有病不去上朝。有人进谗言说文种将要造反，

**|词语释义|**

①去：离开。　②遗(wèi)：送交。　③种：文种，越国大夫。　④蜚(fēi)：同"飞"。⑤喙：鸟嘴。　⑥谗：诬陷，说坏话。　⑦且：将要。⑧伐吴七术：明代冯梦龙《东周列国志》记载了文种的伐吴七术："一曰捐货币以悦其君臣；二曰贵籴(dí)粟藁，以虚其积聚；三曰遗(wèi)美女，以惑其心志；四曰遗之巧工良材，使作宫室以罄(qìng)其财；五曰遗之谀臣以乱其谋；六曰疆其谏臣使自杀以弱其辅；七曰积财练兵，以承其弊。"

越王就赏赐给文种一把剑，说："你教给我攻伐吴国的七条计策，我只用了前三条就打败了吴国，那四条还在你那里，你替我去到先王面前试一下那四条吧！"文种于是自杀了。

## 知识拓展

"鸟尽弓藏"是封建时代的常见现象。功高震主而遭到猜忌、诛杀的功臣不胜枚举。春秋的文种，战国的白起，汉初的韩信，北齐的高长恭，唐初的长孙无忌，明中期的于谦等，他们曾经或与帝王一起出生入死打天下，或在社稷危如累卵之际力挽狂澜。然而当这些功臣的能力与声望直逼君王，功劳又大到赏无可赏时，就只能被赐一死。臣与君"只可共患难，不可同富贵"，产生"兔死狗烹，鸟尽弓藏"悲剧的根本原因，就在于中央专制集权下，帝王掌握杀伐大权，而帝王的宝座又随时可以黄袍加身得之。在权力的诱惑下，君臣彼此猜忌。汉初功臣韩信，为刘邦打败项羽起到了极大作用。而刘邦坐稳帝位后，第一件事就是削弱韩信的兵权，并听信莫须有的谋反指控，一再降低他的爵位，最后还借吕后之手诛杀韩信。司马迁在《淮阴侯列传》中把韩信谋反一事写得虚虚实实，因为重要的不是韩信是否谋反，而是皇权之下他必须死。范蠡能够功成身退，就是因为认识到这一点，早早逃出权力的罗网，因而成为泛舟五湖，乐哉逍遥的陶朱公。

# 30 卧薪尝胆

《史记·越王勾践世家》

## 原文赏析

吴既赦越，越王勾践反①国，乃苦身焦思，置胆②于坐③，坐卧即仰胆，饮食亦尝胆也。曰："女④忘会稽之耻邪？"身自耕作，夫人自织，食不加肉，衣不重采⑤，折节⑥下贤人，厚遇宾客，振⑦贫吊死，与百姓同其劳。欲使蠡治国政，蠡对曰："兵甲之事，种不如蠡；填⑧抚国家，亲附百姓，蠡不如种。"于是举国政属⑨大夫种，而使范蠡与大夫柘稽⑩行成，为质于吴。二岁而吴归蠡。

### 词语释义

①反：通"返"，返回。　②胆：苦胆。　③坐：通"座"。④女：通"汝"，你。　⑤重(chóng)采：指多种颜色的华美衣服。采：通"彩"。⑥折节：屈己下人，降低身份。　⑦振：通"赈"，救济。　⑧填：通"镇"，镇守。　⑨属：通"嘱"，委托。⑩柘(zhè)稽：越国大夫。

## 全文翻译

吴王赦免了越王，越王勾践回国后，自我磨炼，苦心思虑。他在座位上悬挂一个苦胆，坐卧即能仰头尝苦胆，饮食时也尝一尝苦胆。（他对自己）说："你忘记会稽之辱了吗？"（越王）亲身耕作，夫人亲手织布，（他们）吃饭没有荤菜，穿的衣服是简单的素色。（他）对贤人屈身折节，对宾客盛情款待，救济穷人，悼慰死者，与百姓共同劳作。越王想让范蠡管理国家政务，范蠡回答说："用兵打仗之事，文种不如我；镇抚国家，让百姓亲近归附，我不如文种。"于是越王把国家政事全部委托给大夫文种，让范蠡和大夫柘稽到吴国去议和，并在吴国当人质。两年后，吴国放回了范蠡。

## 知识拓展

勾践卧薪尝胆是一个励志的故事，它告诉人们刻苦自励，奋发图强，最终可以苦尽甘来，得偿所愿。其实，卧薪尝胆同时也是一个韬光养晦的故事。勾践自苦其身，放低姿态，暗中积蓄力量复仇。历史上还有许多类似的故事。楚庄王即位后，面对国内乱象，表面上自污其行，实则以静制动，观察国内外形势，察辨忠奸贤愚。他把自己比作一只三年不飞不鸣的大鸟，"不飞则已，一飞冲天；不鸣则已，一鸣惊人"。果然，楚庄王后来任用贤臣，整顿内政，励精图治，终于成就一番霸业。刘备在曹操处时用种菜隐藏自己的抱负，最后与曹操、孙权三分天下，争霸一方。卧薪尝胆也好，韬光养晦也罢，想要获得成功，必须砥砺奋进，忍常人所不能忍，同时，还要拥有足够的耐心、智谋和胆识。

# 31 张良圯①上进履

《史记·留侯世家》

**原文赏析**

良尝闲从容步游下邳②圯上。有一老父,衣褐③,至良所,直堕其履④圯下,顾谓良曰:"孺子⑤,下取履!"良愕然,欲欧⑥之。为其老,强忍,下取履。父曰:"履我⑦!"良业⑧为取履,因⑨长跪⑩履之。父以足受,笑而去。良殊⑪大惊,随目⑫之。父去里所⑬,复还,曰:"孺子可教矣。后五日平明⑭,与我会此。"良因怪之⑮,跪曰:"诺。"五日平明,良往。父已先在,怒曰:"与老人期⑯,后⑰,何也?"去⑱,曰:"后五日早会。"五日鸡鸣,良往。父又先在,复怒曰:"后,何也?"去,曰:"后五日复早来。"五日,良夜未半往。有顷,父亦来,喜曰:"当如是。"

**词语释义**

①圯(yí):桥。 ②下邳(pī):地名,在今江苏省睢宁县古邳镇。 ③衣(yì)褐(hè):穿着粗布短衣。衣:动词,穿。褐:兽毛或粗麻制成的短衣,古时多为穷人穿着。 ④直堕其履:故意把他的鞋子掉在桥下。直:特意,故意。堕:落下,掉下。履:鞋子。 ⑤孺子:儿童,后生。对人直呼"孺子",表示傲慢不礼貌。 ⑥欧:通"殴",殴打。 ⑦履我:为我穿上鞋。履:名词活用为动词。 ⑧业:已经。 ⑨因:于是。 ⑩长跪:腰身挺直跪着,表示尊敬郑重的姿势。 ⑪殊:很,特别。 ⑫目:注视,名词活用作动词。 ⑬里所:一里左右。所:同"许",表约数。 ⑭平明:黎明。 ⑮怪之:以之为怪,对此感到奇怪。怪:形容词意动用法。 ⑯期:约会。

出一编书，曰："读此则为王者师矣。后十年，兴。十三年，孺子见我济北，谷城山下黄石即我矣。"遂去，无他言，不复见。旦日视其书，乃《太公兵法》也。良因异⑲之，常习诵读之。

⑰后：名词活用为动词，后到，迟到。　⑱去：离开。　⑲异：形容词意动用法，以为……为异。

## 全文翻译

张良曾经闲暇时在下邳桥上散步游玩，有一个老翁，穿着粗麻布衣服，走到张良所在的地方，故意让自己的鞋子掉到桥下，回头对张良说："小子，下去把我的鞋子捡上来！"张良很惊愕，想打他，但因为他年老，就强行忍住，下去捡回了鞋子。老翁又说："给我穿上！"张良已经替他取回了鞋子，也就长跪着替他穿上。老翁伸出脚套上鞋子，大笑着离开。张良非常惊讶，随着老人的身影注视着他。老翁走了大约一里路，又回来，说："小子还值得教诲。五天后黎明，与我在这里相会。"张良更加奇怪，跪在地上说："好。"五天后黎明，张良前去。老翁已经先到，他生气地说："和老人约定会面，却比老人晚到，为什么呢？"于是就自己走了，并说："五天后再早些来会面。"五天后鸡鸣时，张良前去。老翁又已先到，他再一次生气地说："还是晚了，为什么呢？"于是又走了，并说："五天后再早些来。"五天后，张良不到半夜就去了。过了一会，老翁也到了，他高兴地说："应该这样。"他拿出一本书，说："读了这本书就能做皇帝的老师了。十年后你将会发迹。十三年后，你会在济北见到我，谷城山下的黄石就是我。"于是就离开了，没再说别的话，也没再出现。天明以后，张良看这本书，原来是《太公兵法》。张良对书（中的理论）感到很惊异，经常学习诵读这本书。

　　苏轼在《留侯论》中曾经分析过张良的这段史事，他认为圮上老人非神非鬼，而是有远见卓识的高人。张良有盖世之才，不去学伊尹、姜太公，却学荆轲、聂政，在博浪沙行刺秦始皇，事败后隐姓埋名逃至下邳。对张良的鲁莽冲动，圮上老人深为惋惜，特意用傲慢无礼的态度考验磨炼他，让他认识到"忍小忿而就大谋""养其全锋而待其弊"的重要性。而《留侯论》的作者苏轼，自己也屡遭贬谪，却能以忍为德，在远放惠州时，还能有"日啖荔枝三百颗，不辞长作岭南人"的达观，从而成就了"穷则独善其身，达则兼济天下"的君子人格，成为千古文人的精神领袖。

## 32 三令五申

《史记·孙子吴起列传》

**原文赏析**

孙子武①者，齐②人也。以《兵法》见于吴王阖闾③。阖闾曰："子之十三篇④，吾尽观之矣，可以小试⑤勒兵⑥乎？"对曰："可。"阖闾曰："可试以妇人乎？"曰："可。"

于是许之，出宫中美女，得百八十人。孙子分为二队，以王之宠姬二人各为队长，皆令持戟⑦。令之曰："汝⑧知而⑨心与左右手背乎？"妇人曰："知之。"孙子曰："前，则视心；左，视左手；右，视右手；后，即视背。"妇人曰："诺⑩。"约束⑪既布，乃设鈇钺⑫，即三令五申之。于是鼓之右，妇人大笑。孙子曰："约束不明，申令不熟，将之罪也。"复三令五申而鼓之左，妇人复大笑。孙子曰："约束不明，申令不

**词语释义**

①孙子武：孙子，名武，古代军事家，著有《孙子兵法》。子：古代对男子的尊称。
②齐：西周姜姓封国，在今山东、河北一带。　③阖(hé)闾(lú)：春秋末年吴国国君，公元前514年—前496年在位。　④十三篇：指《孙子兵法》十三篇。　⑤小试：小规模地操练。　⑥勒兵：操练军队。勒：约束，统率。　⑦戟(jǐ)：古代兵器，长柄一端装有青铜或铁制的枪尖，旁边附有月牙形锋刃。
⑧汝：你，你们。　⑨而：同"尔"，你的。　⑩诺：应诺，答应声。　⑪约束：节制人们行动的约言，指纪律。
⑫鈇(fǔ)钺(yuè)：同"斧钺"，一种刑具，古代军法用以杀人的斧子。

熟，将之罪也；既已⑬明而不如法者，吏士之罪也。"乃欲斩左右队长。吴王从台上观，见且斩爱姬，大骇，趣⑭使使下令曰："寡人已知将军能用兵矣。寡人非此二姬，食不甘味，愿勿斩也。"孙子曰："臣既已受命为将，将在军，君命有所不受。"遂斩队长二人以徇⑮。用其次为队长，于是复鼓之。妇人左右前后跪起皆中⑯规矩⑰绳墨⑱，无敢出声。于是孙子使使报王曰："兵既整齐，王可试下观之，唯⑲王所欲用之，虽赴水火犹可也。"吴王曰："将军罢休就舍⑳，寡人不愿下观。"孙子曰："王徒好㉑其言，不能用其实。"

⑬既已："既"与"已"同义连用，已经。　⑭趣(cù)：急促，赶快。　⑮徇(xùn)：对众宣示，示众。　⑯中(zhòng)：恰好合上。　⑰规矩：校正圆形和方形的两种工具。　⑱绳墨：木匠画直线用的工具，引申指规则、纪律。　⑲唯：只，任凭。　⑳就舍：回馆舍去。　㉑好(hào)：喜爱。

## 全文翻译

孙武，齐国人。用《兵法》进见吴王阖闾。吴王说："你的十三篇，我都看过了，可以用来小规模地操练队伍吗？"孙武回答说："可以。"吴王说："可以用妇女来试吗？"孙武说："可以。"

于是吴王许可了，派出宫中美女一百八十人。孙武把她们分为两队，用吴王宠爱的妃子二人各担任两队的队长，并命令所有人都拿着戟。孙武下令说："你们知道你们的心、左手、右手和背吗？"妇人回答说："知道。"孙武说："向前，就看心所对的方向；向左，看左手方向；向右，看右手方向；向后，就看背的方向。"妇人们回答说："是。"纪律已经宣布，于是孙武架设好行刑的斧钺，多次下令并重申。孙武击鼓发令向右，妇女们大笑。孙武说："纪律不明确，申令不透彻周详，这是将帅的罪过。"他再次下令并重申，然后击鼓发令向左，妇女们又大笑。孙武说："纪律不明确，申令不透彻周详，那是将帅的罪过；已经再三反复说明了，仍然不执行命令，那就是下级士官的罪过了。"于是他下令斩杀左右队长。吴王在台上观看这场操练，看见孙武要杀自己宠爱的妃子，非常惊骇，急忙派人传下命令说："我已经知道将军善于用兵了。我离开这两个妃子连饭也吃不下，请不要斩杀她们。"孙武说："臣已经受命为将，将在军中，君命有所不受。"便杀了两个队长示众。他选用第二名为队长，重新击鼓发令，妇人们向左、向右、向前、向后、跪下、站起，都合乎规定和要求，没人敢出声。孙武派人报告吴王说："队伍已经训练整齐，大王可以下来看看！任凭大王想怎样使用这支队伍，即使是赴汤蹈火也可以。"吴王说："将军结束训练回馆舍去吧！我不愿下去看了。"孙武说："大王只是爱好兵法的文辞，并不能实际采用它。"

## 知识拓展

吴王让孙武训练自己的后宫佳丽，本身就是对兵法的不尊重。孙武三令五申，斩吴王宠姬立威，终于把这队佳人练成了"娘子铁军"。上位者如何使命令得到执行，儒法两家各有侧重。管子说："不法法，则事毋常；法不法，则令不行。"强调只要依法制法执法，国事政令就能顺利推行贯彻。孔子说："其身正，不令而行；其身不正，虽令不从。"这是强调上位者的个人道德品质。如果在上者自身端正，堪为表率，那么不用下命令，在下者也会响应号召；但如果在上者自身不正，那么就算是三令五申，在下者也不会服从。取儒法两家之长，将"以人为本"和"有法必依"结合起来，才能令行禁止，政令畅通。

# 33 渑池<sup>①</sup>之会

《史记·廉颇蔺相如列传》

## 原文赏析

　　秦王使使者告赵王，欲与王为好，会于西河外渑池。赵王畏秦，欲毋<sup>②</sup>行。廉颇、蔺相如计曰："王不行，示赵弱且怯也。"赵王遂行，相如从。廉颇送至境，与王诀<sup>③</sup>曰："王行，度道里会遇之礼毕<sup>④</sup>，还，不过三十日；三十日不还，则请立太子为王，以绝秦望<sup>⑤</sup>。"王许之。

　　遂与秦王会渑池。秦王饮酒酣，曰："寡人窃<sup>⑥</sup>闻赵王好音，请奏瑟。"赵王鼓瑟。秦御史<sup>⑦</sup>前，书曰"某年月日，秦王与赵王会饮，令赵王鼓瑟。"蔺相如前曰："赵王窃闻秦王善为秦声，请奉盆缶<sup>⑧</sup>秦王，以相娱乐。"秦王怒，不许。于是相如前进缶，因跪请秦王。秦

## 词语释义

①渑(miǎn)池：地名，今河南渑池。　②欲毋(wú)行：想要不去。毋：不。　③诀：告别。　④度(duó)道里会遇之礼毕：估计路上行程一直到会见的礼节完毕。　⑤绝秦望：断绝秦国要挟的念头。　⑥窃：用以表示自谦，私下里。　⑦御史：战国时史官称御史。　⑧缶(fǒu)：盛酒的瓦器，秦人歌唱时，常击缶为节拍。　⑨刃：用刀杀，名词活用为动词。　⑩靡：倒退，避开。　⑪怿(yì)：喜悦，高兴。　⑫为秦王寿：作为给秦王的献礼。寿：名词活用为动词，向人进酒或献礼。　⑬咸阳：秦国都城，今陕西咸阳。　⑭竟酒：一直到酒筵完毕。竟：从头至尾。　⑮加胜于赵：胜过赵国，占赵国的上风。　⑯盛设兵：多多部署军队。

王不肯击缶。相如曰："五步之内，相如请得以颈血溅大王矣！"左右欲刃⑨相如，相如张目叱之，左右皆靡⑩。于是秦王不怿⑪，为一击缶。相如顾召赵御史书曰："某年月日，秦王为赵王击缶。"秦之群臣曰："请以赵十五城为秦王寿⑫。"蔺相如亦曰："请以秦之咸阳⑬为赵王寿。"秦王竟酒⑭，终不能加胜于赵⑮。赵亦盛设兵⑯以待秦，秦不敢动。

## 全文翻译

秦王派遣使者告诉赵王，想与赵王在西河外的渑池会见，建立友好关系。赵王害怕秦国，不想去。廉颇、蔺相如商议道："大王如果不去，就显得赵国弱小又胆怯。"赵王最终前往，蔺相如随行。廉颇送他们到边境，和赵王诀别，说："大王此行，估计路上行程和会见礼仪结束再回来，不会超过三十天。如果三十天大王还没回来，就请允许我立太子为王，以断绝秦国要挟的念头。"赵王答应了。

于是（赵王）和秦王在渑池会见。秦王喝酒喝到尽兴，说："我私下里听说赵王爱好音乐，请弹奏瑟吧！"赵王弹瑟。秦国的史官上前写道："某年某月某日，秦王与赵王一起饮酒，令赵王弹瑟。"这时蔺相如走上前，说："赵王私下里听说秦王擅长秦地音乐，请允许我奉上盆缶给秦王，以此互相娱乐。"秦王大怒，不答应。相如向前献上陶缶，并跪下请求秦王。秦王不肯击缶，相如说："（如果大王不肯击缶），在五步距离内，我能够把自己头颈里的血溅在大王身上！"秦王的侍从们想杀相如，相如圆睁双目，大声喝叱，侍从们都吓得倒退。于是秦王很不高兴，只好敲了一下缶。相如回头召唤赵国史官写道："某年某月某日，秦王为赵王击缶。"秦国的大臣们说："请你们用赵国的十五座城向秦王献礼。"蔺相如也说："请你们用秦国的咸阳向赵王献礼。"秦王直到酒宴结束，始终未能占赵国上风。赵国大规模部署军队来防备秦国，秦国不敢轻举妄动。

　　《论语》有云："三军可夺帅也，匹夫不可夺志也。"《唐雎不辱使命》中的唐雎，面对秦王的"天子之怒"，不卑不亢，对之以"伏尸二人，流血五步，天下缟素"的"布衣之怒"。从蔺相如到唐雎，他们面对的都是弱国外交，只能以一介布衣之身，逼迫秦王于五步之内，为自己、为君主、为国家保全尊严，是真正"可以托六尺之孤，可以寄百里之命，临大节而不可夺也"的君子。中国历史上扶弱抑强的志士仁人层出不穷，聂政刺韩傀（kuǐ），程婴救孤儿，朱家救季布，他们都是急人所难、义薄云天的英雄。

# 34 易水送别

《史记·刺客列传》

## 原文赏析

太子①及宾客知其事者，皆白衣冠以送之。至易水②之上，既祖③，取道④，高渐离⑤击筑⑥，荆轲⑦和而歌，为变徵⑧之声，士皆垂泪涕泣。又前而为歌曰："风萧萧兮易水寒，壮士一去兮不复还！"复为羽声慷慨，士皆瞋目⑨，发尽上指冠⑩。于是荆轲遂就车⑪而去，终已⑫不顾。

## 全文翻译

太子丹和那些知情的宾客，都穿戴着白衣白帽来给荆轲送别。到了易水边，祭过路神饯别以后，（荆轲）就要上路了。高渐离击筑，荆轲和着乐曲唱起歌，唱的是悲凉的变徵之调，大家都流泪哭泣。荆轲又上前唱道："风萧萧兮易水寒，壮士一去兮不复还！"又唱出慷慨的变徵之调，大家都睁大眼睛，头发向上顶起了帽子。于是荆轲就登车离开，没有回头。

## 词语释义

①太子：燕国太子丹，燕王喜之子。　②易水：河流名，在今河北省易县。　③祖：临行祭路神，引申为饯别送行。④取道：上路。　⑤高渐离：燕国人，以屠狗为业，善击筑，荆轲好友。　⑥筑：古代乐器。　⑦荆轲：卫国人。　⑧变徵（zhǐ）：古代音乐分宫、商、角、变徵、徵、羽、变宫七音，变徵是徵音的变调，声调悲凉。　⑨瞋（chēn）目：张大眼睛。⑩发尽上指冠：头发都竖起来，直冲帽子。　⑪就车：登车。　⑫终已：最后，这里指离开燕国直到看不见。

　　唐代诗人骆宾王曾作《于易水送别》一诗："此地别燕丹，壮士发冲冠。昔时人已没，今日水犹寒。"唐高宗时，骆宾王以侍御史职多次上疏劝谏，触忤武后，不久便被诬下狱。第二年遇赦出狱后，奔赴幽燕一带，投身军中。他借歌咏易水送别荆轲的历史，寄托自己报国无门的幽怀。荆轲为报知遇之恩，悲歌慷慨，走向必死的刺秦征程。骆宾王后来随徐敬业起兵，作《为徐敬业讨武曌（zhào）檄》，海内传诵。他在兵败后不知所终，或说被杀，或说为僧。骆宾王为了自己认定的事业，一往直前，不再回头，这样的气节与荆轲的易水送别、项羽的不肯过江东，千古相通。

# 35 韩信胯下之辱

《史记·淮阴侯列传》

## 原文赏析

淮阴①屠②中少年有侮信者，曰："若③虽长大④，好带刀剑，中情⑤怯耳。"众⑥辱之曰："信⑦能死，刺我；不能死，出我袴⑧下。"于是信孰⑨视之，俛⑩出袴下，蒲伏⑪。一市人皆笑信，以为怯。

## 全文翻译

淮阴屠夫中有一个少年欺侮韩信，说："你虽然长得又高又大，喜欢带着刀剑，其实内心是胆怯的。"他当众羞辱韩信，说："你如果真不怕死，就用剑来刺我。如果不敢，就从我的裤裆下钻过去。"韩信仔细地打量着他，考虑了很久，弯下身子，匍匐在地，从那个屠夫的裤裆下爬了过去。满街的人都嘲笑韩信，认为他很胆小。

### 词语释义

①淮阴：地名，在今江苏淮安。 ②屠：宰杀牲畜的人。 ③若：你。 ④长（cháng）大：又高又大。 ⑤中情：内心。 ⑥众：当着众人，名词作状语。 ⑦信：果真，真正。 ⑧袴：通"胯"，两腿之间。 ⑨孰：通"熟"，仔细。 ⑩俛(fǔ)：同"俯"，弯下。 ⑪蒲(pú)伏：同"匍匐"，在地上爬行。

伍子胥不肯追随父兄去死，一路奔逃，为过昭关还一夜白头，到吴国后，他等待时机，终于等到吴王阖闾的重用，得以施展本领，入楚报仇雪耻。晋文公重耳从皇子沦为人质，流亡十九年，终于等到归国成为国君，成就霸业。司马迁受宫刑后，面对世人的不解，他忍辱负重，终于写出了"史家之绝唱，无韵之离骚"的《史记》。司马迁该是多么理解伍子胥、晋文公的"苟且偷生"，只有不忘肩头重担，"苟且偷生"之人才能最终有所作为，名垂青史。

## 36 师旷劝学

《说苑·建本》

**原文赏析**

晋平公①问于师旷②曰："吾年七十，欲学，恐已暮③矣。"师旷曰："何不炳烛④乎？"平公曰："安有为人臣而戏⑤其君乎？"师旷曰："盲臣⑥安敢戏其君乎？臣闻之：少而好学，如日出之阳⑦；壮而好学，如日中之光；老而好学，如炳烛之明。炳烛之明，孰与⑧昧行⑨乎？"平公曰："善哉！"

**全文翻译**

晋平公对师旷说："我已经七十岁了，想要学习，恐怕已经晚了。"师旷说："为什么不点起灯烛？"平公说："哪有做臣子的戏弄君主的？"师旷说："我这个双目失明的臣子怎敢戏弄君主？我听说，少年好学，如同旭日初升一样光明；中年好学，如同正午太阳一样耀眼；老年好学，如同点起火把一样明

**词语释义**

①晋平公：春秋时晋国国君，公元前557年—前532年在位。 ②师旷：字子野，春秋时晋国乐师。 ③暮：晚。 ④炳烛：或作"秉烛"，点起火把。炳：光明，此处使动用法，使……亮起来。 ⑤戏：戏弄。 ⑥盲臣：当时的乐师一般为盲人，师旷亦是，故此自称。 ⑦阳：光明。 ⑧孰与：表示比较的固定结构，相当于"与……相比哪一个更……"的意思。 ⑨昧行：在黑暗中行走。

亮。点起火把照明和摸黑走路相比，哪个更好呢?"平公说:"说得好啊!"

晋平公说自己年暮，再来学习，已经太晚。师旷却说天晚了，可以点起灯烛，接着用炳烛之明教育平公，什么时候开始学习都不晚。《论语·里仁》说:"朝闻道，夕死可矣。"《庄子·养生主》也说:"吾生也有涯，而知也无涯。"人生短暂，追求大道，探求真知，是永远无法穷尽也不能停止的过程。以道家的观点来看，是"殆矣"；用儒家的观点来看，但凡有所心得，便足矣。三国时吴国的大将吕蒙，在孙权的劝诚下，克服军务繁忙的困难，开始学习，果然大有进步，被鲁肃赞为"士别三日，即更刮目相待"，非复"吴下阿蒙"。学习之所以拥有改造人的强大力量，是因为悟道求知，乃是短暂有限的个体生命，对接永恒无限的宇宙万物，获取终极意义的方式。

# 37 螳螂捕蝉

《说苑·正谏》

**原文赏析**

吴王①欲伐荆②，告其左右曰："敢有谏③者死！"舍人④有少孺子⑤者，欲谏，不敢，则怀丸⑥操弹，游于后园，露沾其衣，如是者三旦⑦。吴王曰："子来，何苦沾衣如此？"对曰："园中有树，其上有蝉，蝉高居悲鸣饮露，不知螳螂在其后也；螳螂委身曲附⑧，欲取蝉，而不知黄雀在其傍也；黄雀延颈⑨，欲啄螳螂，而不知弹丸在其下也。此三者皆务⑩欲得其前利⑪，而不顾其后之有患也。"吴王曰："善哉！"乃罢⑫其兵。

**词语释义**

①吴王：吴王寿梦，公元前585年—前561年在位。
②荆：楚国。 ③谏：劝阻，一般用于臣下规劝君主、尊长。 ④舍人：侍从人员。
⑤少孺子：年轻人。 ⑥丸：弹丸。 ⑦旦：早晨。
⑧委身曲附：弯着身子，屈着前肢。这是螳螂即将捕食时的动作。委：弯曲。附：通"跗(fū)"，脚背，这里泛指腿。 ⑨延颈：伸长脖子。 ⑩务：致力，专心于。 ⑪前利：眼前的利益。 ⑫罢：停止。

**全文翻译**

吴王想要进攻楚国，他警告左右大臣："要是有人胆敢劝阻，就处死！"侍从中有一位年轻人，想要劝阻又不敢，就怀揣弹丸拿着弹弓站在后花园，露水沾湿了他的衣裳，这样过了三个早晨。吴王说："你过来，为什么衣裳湿成这个样子？"他回答道："园子里有树，树上有蝉，蝉在高树上悲鸣饮露，不知螳螂就在它的身后。螳螂弯着身子，举起前肢要去捉蝉，而不知黄雀就在它身旁。黄雀伸长脖子要啄螳螂，而不知我在下面拿着弹弓对着它。这三个家伙都只想得到眼前的好处，而不顾身后隐藏着的祸患啊！"吴王说："说得好啊！"于是取消了出兵伐楚的行动。

## 知识拓展

　　螳螂捕蝉，黄雀在后。世间万事万物都是相互联系、彼此牵制的。一心想加害于别人的人，却没想到有人也想加害于他。为人处世，切不可鼠目寸光，利令智昏，只图算计别人，而不考虑后患。否则往往尚未害人，却反被人害。世事大抵如此。螳螂捕蝉，顾头不顾尾，其实是被自私的贪欲驱动。"人心不足蛇吞象，世事到头螳捕蝉"之语，在明代文学家冯楚龙拟话本小说集《初刻拍案惊奇·卷三十三·张员外义抚螟蛉子 包龙图智赚合同文》、元代无名氏的戏曲《崔府君断冤家债主·楔子》、明代罗洪先《醒世歌》、明代兰陵笑笑生的小说《金瓶梅词话》、清代翟灏《通俗编·禽鱼》中均有所引用。人之贪心不足，就像蛇想吞食大象。勾心斗角，尔虞我诈，机关算尽，到头来害人、被人害，无有了时。明乎此理，跳出欲望的沟壑，才能摆脱彼此算计的循环。

# 38 枭<sup>①</sup>将东徙

《说苑·谈丛》

## 原文赏析

枭逢鸠<sup>②</sup>，鸠曰："子将安之<sup>③</sup>?"枭曰："我将东徙<sup>④</sup>。"鸠曰："何故?"枭曰："乡人皆恶<sup>⑤</sup>我鸣，以故东徙。"鸠曰："子能更<sup>⑥</sup>鸣，可矣;不能更鸣，东徙犹恶子之声。"

## 全文翻译

猫头鹰遇到斑鸠，斑鸠问它："你要到哪里去?"猫头鹰说："我要往东迁移。"斑鸠问："为什么?"猫头鹰说："乡里人都厌恶我的叫声，所以我要往东迁徙。"斑鸠说："如果你能改变你的叫声，那么就可以了;如果不能改变叫声，即使你搬到东边，人们还是会讨厌你的叫声的。"

## 知识拓展

猫头鹰不知自己的叫声才是被人讨厌的关键，以为搬去另一个地方就能解决问题。有了缺

## 词语释义

①枭(xiāo)：同"鸮"(xiāo)，又称鸺鹠(xiū liú)，猫头鹰，是传说中一种不吉祥的鸟。因为它的鸣声多在夜半时分，而且叫声凄厉，所以不受人喜欢。 ②鸠(jiū)：斑鸠、雉鸠等的统称，形似鸽子。 ③安之：到哪里去。安：哪里。之：动词，往，到。"安"是"之"的宾语，疑问代词作宾语，放在动词前。 ④徙：搬迁，迁移。⑤恶(wù)：讨厌，厌恶。⑥更(gēng)：改变。

点或是错误，应该首先从自己身上寻找原因，加以改正。寄希望于外在环境的改变，是治标不治本的。不过，从故事里猫头鹰的角度出发，它的叫声是生物特性，并不能强行改变。按照文化人类学的观点，不同族群、不同文化对事物有着不同的看法。猫头鹰的叫声被视为不祥，那是汉民族一些地区的观念。所以，猫头鹰往东迁徙，未必不能寻找到喜欢自己的人群。知己难寻，知音难觅。《诗经·王风·黍离》有"知我者谓我心忧，不知我者谓我何求"的诗句；伯牙与子期，高山流水，相遇相知。《眇倡传》中的少年，爱上眇了一目的女子，从此看世间其他女子，皆觉得多余一目。所谓情人眼里出西施，再无更甚者。连眇一目的女子，都能收获人间爱情，猫头鹰找到自己的知音，几率看起来要大得多。如果我们遇到不畏流俗的知音，应好好珍惜，好好对待。

**39 叶公好龙**

《新序·杂事五》

### 原文赏析

叶公子高①好龙，钩②以写③龙，凿④以写龙，屋室雕文⑤以写龙。于是天龙闻而下之，窥头于牖⑥，施⑦尾于堂。叶公见之，弃而还走⑧，失其魂魄，五色⑨无主。是⑩叶公非好龙也，好夫⑪似龙而非龙者也。

### 全文翻译

叶公子高喜欢龙，衣带钩上画着龙，酒器上画着龙，居室里雕刻的花纹也是龙。天上的真龙知道后，便从天上下到叶公家里，龙头从窗户向内窥望，龙尾伸到了厅堂。叶公一看是真龙，转身就跑，（真龙）吓得他魂飞魄散，脸上青一阵，白一阵，惊恐万状。由此看来，叶公并不是真的喜欢龙，他喜欢的是那些像龙却不是龙的东西罢了。

### 词语释义

①叶公子高：姓沈，名诸梁，字子高，做过楚国令尹，封于叶（旧读 shè，今河南省叶县），故称叶公。 ②钩：衣带钩，古代挂在衣上的一种饰品。 ③写：画。 ④凿：通"爵"，一种盛酒的器皿。 ⑤雕文：雕刻的花纹。文：通"纹"。 ⑥牖（yǒu）：窗户。 ⑦施（yì）：拖，延伸。 ⑧还（xuán）走：转身就跑。还：通"旋"。 ⑨五色：青、黄、赤、白、黑五种颜色，这里指脸色一会儿青，一会儿白，惊惶失色。 ⑩是：这样，这样看来。 ⑪夫（fú）：指示代词，那个，那些。

## 知识拓展

故事中的叶公子高，历史上其实是一位颇有作为的政治家，曾平定白公叛乱，深孚众望。按说他杀伐果断，怎会被一条真龙吓得魂不附体、六神无主？实际上，这只是用来说理的寓言，并非真事。叶公被编排了好假龙而怕真龙的故事，还有个人却借死马求良马。燕昭王即位后，求贤若渴，却不见贤士登门。郭隗给燕昭王讲了一个故事：从前有位国君，愿出千金买千里马，三年未得。近侍自告奋勇去买马，花了三个月觅得一匹良马，马却已死。于是他花五百金买下马的骨头，国君很生气。近侍却说："死马都花了五百金，何况活马？通过这件事，天下人就都知道大王您是真心实意地求马。"果然，不出一年，千里马接踵而至。燕昭王一听就明白了，他拜郭隗为师，为其修筑黄金台。不久，名人贤士纷纷到来，燕国终于强大起来。

# 40 孟母三迁

《列女传·母仪传》

## 原文赏析

邹①孟轲②之母也，号孟母。其舍近墓。孟子之少也，嬉游③为墓间之事，踊跃筑埋。孟母曰："此非吾所以居处子也。"乃去。舍市傍④，其嬉游为贾人⑤炫⑥卖之事。孟母又曰："此非吾所以居处子也。"复徙，舍学宫之傍，其嬉游乃设俎豆⑦，揖让⑧进退。孟母曰："真可以居吾子矣。"遂居之。及孟子长，学六艺⑨，卒⑩成大儒之名。

## 全文翻译

邹国孟轲的母亲，世人称她为孟母。她的居住地靠近墓地，孟子小时候，嬉戏时常常模仿墓间的事，蹦跳着挖埋筑坟。孟母说："这不是我该让儿子居住的地方。"于是她离开了，搬到集市旁边，孟子玩耍时就模仿商人招徕顾客做买卖（的行径）。孟母又

### 词语释义

①邹(zōu)：古国名，战国时为楚所灭。 ②孟轲：字子舆(yú)，邹人，孔子学说的继承者，有"亚圣"之称，著《孟子》。 ③嬉游：嬉戏。 ④舍市傍：在集市旁定居。舍：筑舍定居。傍：通"旁"。 ⑤贾(gǔ)人：商人，做买卖的人。 ⑥炫：叫卖，这里指以模仿买卖活动为游戏。 ⑦俎(zǔ)豆：古代祭祀用的器具，此处指祭祀仪式。俎：置肉的几。豆：盛放干肉食物的器皿，似高脚盘。 ⑧揖(yī)让：作揖行礼，古代宾主相见的礼节。 ⑨六艺：指礼、乐、射、御、书、数六种君子必修的技能。 ⑩卒：最终，终于。

说："这不是我该让儿子住的地方。"于是又搬家，在一所学宫旁定居。孟子就学读书人摆放祭祀用的俎豆，上前或退下作揖行礼作为玩耍的游戏。孟母说："这里真是可以让我儿子居住的地方了。"于是就定居下来。孟子长大后，研习六艺，最终成为著名的大儒。

## 知识拓展

孟母三迁，谨慎择邻，才培育出了一代亚圣孟子。"蓬生麻中，不扶而直；白沙在涅，与之俱黑。"指出环境对人的塑造作用。但《论语》中也有这样的话："不曰坚乎？磨而不磷。不曰白乎？涅而不缁。"两者并不矛盾。在个性品质形成的时期，需要有良好的环境熏陶培育。当他成为意志坚定、品行高尚的君子，就可以"出淤泥而不染"。一个人越是在少年时期获得良好教养，成人后就越能经受住考验。恶劣环境下能否培育出君子？答案并非完全否定，但这可能需要机缘、天赋，以及个人付出十倍、百倍的努力。

# 41 凿壁借光

《西京杂记》

## 原文赏析

匡衡①字稚圭，勤学而无烛，邻舍有烛而不逮②，衡乃③穿壁④引其光，以书映光⑤而读之。邑人大姓⑥文不识⑦，家富多书，衡乃与其佣作⑧，而不求偿⑨。主人怪⑩，问衡，衡曰："愿得主人书遍读之。"主人感叹，资⑪给⑫以书，遂成大学⑬。

## 全文翻译

匡衡字稚圭，他勤奋好学，但家中没有照明的火把。邻居家有火把但光亮无法照到他家，他就在墙壁上凿了一个洞让邻家的光照过来，（然后）把书凑在那亮光上来读。县里有个叫文不识的大户人家，家里富有，有很多书。匡衡就到他家去做佣工，但不要报酬。主人感到很奇怪，问他为什么要这样，他说："我希望读遍您家的书。"主人听了，很是感慨，就给匡衡足够的书读。匡衡终于成为大学问家。

## 词语释义

①匡衡：东海郡承县(今山东苍山兰陵镇)人，西汉著名经学家。 ②不逮：达不到，这里指亮光照不到。 ③乃：就。 ④穿壁：在墙上凿洞。 ⑤以书映光：让光亮照在书上。映：映照。 ⑥大姓：大户人家。 ⑦文不识：人名，生平无考。汉武帝时有个将军叫作"程不识"。"不识"是当时常见的人名，一说是不识字的意思。 ⑧与其佣作：给大户人家做佣工劳作。佣作：受雇为人做工。 ⑨偿：报酬。 ⑩怪：感到奇怪，意动用法。 ⑪资：资助。 ⑫给(jǐ)：供给。 ⑬大学：大儒，即大学问家。

经常与凿壁借光并提的另一个成语是"囊萤映雪",这个成语讲的是晋代政治家车胤、孙康二人勤奋苦学的故事。车胤小时候家里很贫困,买不起火炬,因此他夏天用布袋装萤火虫照明读书,而同样买不起火炬的孙康则在冬天利用雪的反光读书。凿壁借光、囊萤映雪这两个成语讲述了寒门学子勤学苦读而终有所成的故事,成为激励中国一代又一代学子勤勉学习的精神力量。

# 42 苛政猛于虎

## 《礼记·檀弓》

### 原文赏析

孔子过泰山侧，有妇人哭于墓者而哀。夫子式①而听之，使子路问之曰："子之哭也，壹②似重有忧者。"而③曰："然。昔者吾舅④死于虎，吾夫又死焉⑤，今吾子又死焉。"夫子曰："何为⑥不去⑦也？"曰："无苛政⑧。"夫子曰："小子识⑨之：苛政猛于虎也。"

### 词语释义

①式：通"轼"，车前横木，这里用作动词，扶轼。 ②壹：副词，实在，的确。 ③而：乃，就。 ④舅：旧指丈夫的父亲。 ⑤焉：兼词，相当于"于此"，这里指"于虎"。 ⑥何为：为什么。"何"是"为"的前置宾语。 ⑦去：离开。 ⑧苛政：暴政。 ⑨识(zhì)：记，记住。

### 全文翻译

孔子路过泰山旁边，看见一位在坟墓旁哭得很悲伤的妇人。孔子扶着车前横木听着，他让子路问她说："你这样哭，好像遭遇过的不幸不止一次了。"她说："是啊！以前我公公死在老虎口中，我丈夫也死在老虎口中，现在我儿子又死在老虎口中。"孔子说："为什么不离开这里呢？"妇女回答说："这里没有残暴的政令。"孔子（对子路）说："你要记住，残暴的政令比老虎还要可怕！"

**┃知识拓展┃**

一家三代都死于虎口，也好过受苛政的折磨。柳宗元的《捕蛇者说》也讲了一个相似的故事，蒋氏以捕献毒蛇来抵赋税，虽然一家三代都不免被毒蛇咬死，但却已经比死在横征暴敛下的邻人活得长多了，"赋敛之毒有甚是蛇"，《卖炭翁》中宫人以"半匹红绡一丈绫"就征去了卖炭老人赖以谋生的一车好炭；《石壕吏》中三男被征、二男已死的老妪犹被抓差。赋税本是调节社会财富的重要手段，但在封建社会，剥削者却违背"损有余而补不足"的"天之道"，而施行"损不足以奉有余"的"人之道"，所以老子才期待"有道者"能够"有余以奉天下"。

# 43 嗟来之食

《礼记·檀弓》

## 原文赏析

齐大饥。黔敖①为食于路，以待饿者而食②之。有饿者，蒙袂辑屦③，贸贸然④来。黔敖左奉⑤食，右执饮，曰："嗟⑥！来食！"扬其目⑦而视之，曰："予唯不食'嗟来之食⑧'，以至于斯也！"从而谢⑨焉，终不食而死。曾子闻之，曰："微与⑩！其嗟也，可去；其谢也，可食。"

## 全文翻译

齐国发生了严重的饥荒。黔敖在路边准备好饭食，用来供路过的饥民吃。有个饥民用袖子蒙着脸，无力地拖着脚步，两眼昏花地走来。黔敖左手拿着食物，右手端着汤，说道："喂！来吃吧！"那个饥饿的人抬起眼睛看着黔敖说："我就是不愿吃这种侮辱性的施舍，才落到这个地步！"黔敖听了这话后马上道歉，那个饥民最终还是不吃而饿死

## 词语释义

①黔（qián）敖：春秋时齐国的一位贵族。　②食（sì）：使动用法，把食物给……吃。　③蒙袂（mèi）辑（jí）屦（jù）：用衣袖遮住脸，拖着鞋子迈不开步子。蒙：遮住。袂：衣袖。辑：拖着。屦：鞋子。　④贸贸然：目光无神，两眼昏花的样子。然：……的样子。　⑤奉：通"捧"，拿着。　⑥嗟（jiē）：叹词，这里指带有轻蔑怜悯的呼唤声，喂。　⑦扬其目：抬起眼睛。　⑧嗟来之食：本指怜悯他人饥饿，喊他来吃，后多指侮辱性的施舍。　⑨谢：表示歉意，道歉。　⑩微与：不应该啊。微：不应当。与：通"欤"，表示感叹的语气词。

了。曾子听说这个事后感叹道："不应该呀！那个人没好声气地给予施舍，（饥民）可以拒绝而离开；那个人表示歉意了，那他就可以吃了。"

## 知识拓展

不吃"嗟来之食"是有骨气的表现。做人要有骨气，有尊严，即使窘困，也不能低三下四地去乞求别人的施舍。儒家思想倡导"士可杀不可辱"的思想境界，古往今来众多仁人志士无不深受这种思想的影响。不食周粟而亡的伯夷叔齐，宁去北海牧羊而不愿变节的苏武，不为五斗米折腰的陶渊明，他们为后世所歌颂赞扬，成为一代楷模受人敬仰。不吃"嗟来之食"也成了人们社会生活中常被引用的话语，成了维护个人尊严，宁折不屈的大丈夫行为的典范。

# 44　杯弓蛇影

《风俗通义·怪神》

## 原文赏析

予之祖父郴①为汲令②，以夏至日请见主簿③杜宣，赐酒。时北壁上有悬赤弩，照于杯中，其形如蛇。宣畏恶之，然不敢不饮。其日便得胸腹痛切，妨损饮食，大用羸露④，攻治万端，不为愈。后郴因事过至宣家，窥视，问其变故，云畏此蛇，蛇入腹中。郴还听事⑤，思惟良久，顾见悬弩，必是也。则使门下史⑥将铃下⑦侍徐扶辇⑧载宣，于故处设酒，杯中故复有蛇，因谓宣："此壁上弩影耳，非有他怪。"宣意遂解，甚夷怿⑨，由是瘳平⑩。

### 词语释义

①郴（chēn）：应郴，应邵的祖父。　②汲令：汲县（今河南汲县）县令。　③主簿：官名，汉代中央及郡县官署均设此官，主管文书，办理事务，此指县主簿。④羸（léi）露：衰败，瘦弱。⑤听事：厅堂。　⑥门下史：内侍。　⑦铃下：随从护卫之卒。　⑧徐扶辇（niǎn）：慢慢地扶着车子。辇：人力拉的车。　⑨夷怿（yì）：喜悦。夷：同"怡"。⑩瘳（chōu）平：病愈。

## 全文翻译

我的祖父应郴担任汲县县令，在夏至日接见主簿杜宣，赐给杜宣酒。当时屋里北面墙上悬挂着一张红色弩弓，弓影正好映在酒杯里，形状像一条蛇。杜宣感到害怕，但是不敢不喝。当天他胸腹部就痛得厉害，并受其影响而饮食减少，因此瘦弱不堪，用了各种各样的办法治疗，也没有痊愈。后来应郴有事经过杜宣家，就去看望他，询问他发生了什么情况，杜宣说是害怕那条蛇，蛇进入了他的肚子里。应郴回到厅堂，思考了很久，看到墙上挂着的弓，想到一定是这张弓的缘故。于是就派内侍率领随从护卫，用车慢慢地把杜宣接来，在原来的地方摆酒，酒杯中仍然出现了"蛇"，于是他对杜宣说："这是墙上弓的影子罢了，并没有其他的怪物。"杜宣的心结解开了，心情十分高兴，从此病也好了。

## 知识拓展

　　故事中的杜宣因为看到弓的影子像蛇一样，落在杯中，就以为蛇进入了自己腹中。当误会解除，心结打开，他的病也就不治而愈。人疑神疑鬼，往往是因为自己内心怯懦。宋儒吕本中在《师友杂志》中说："尝闻人说鬼怪者，以为必无此理，以为疑心生暗鬼，最是切要议论。"鬼怪之事，大抵是人的自扰。"疑心生暗鬼，正气不为邪。日月无私照，一时片云遮。"如果心怀坦荡，哪里还会有鬼来骚扰？就算真遇到鬼，大概也会如宋定伯那样，不但不怕鬼，还把鬼卖了换钱呢！

## 45 鸿雁传书

《汉书·苏武传》

**原文赏析**

律①知武②终不可胁，白③单于。单于愈益欲降之，乃幽④武置大窖⑤中，绝不饮食⑥。天雨⑦雪，武卧啮⑧雪，与旃⑨毛并咽之，数日不死。匈奴以为神，乃徙武北海⑩上无人处，使牧羝⑪，羝乳⑫乃得归。别其官属常惠等，各置他所。

武既至海上，廪食⑬不至，掘野鼠去⑭草实而食之。仗汉节牧羊，卧起操持，节旄⑮尽落。……

昭帝⑯即位数年，匈奴与汉和亲。汉求武等，匈奴诡言武死。后汉使复至匈奴，常惠请其守者与俱⑰，得夜见汉使，具自陈道。教使者谓单于，言天子射

**词语释义**

①律：卫律，原为汉臣，后降匈奴，被封为丁灵王。 ②武：苏武，汉武帝时为中郎将，出使匈奴，留胡十九年而持节不屈。 ③白：告诉，报告。 ④幽：幽禁，囚禁。 ⑤置大窖(jiào)：关押在窖里。置：本是安排，这里指关押。窖：收藏粮食的窖洞。 ⑥绝不饮(yìn)食(sì)：隔绝与外界的联系，不给他吃的喝的。饮：给人东西喝。食：给人食物吃。 ⑦雨(yù)：动词，落下。 ⑧啮(niè)：咬，嚼。 ⑨旃(zhān)：通"毡"，毛毡。 ⑩北海：当时在匈奴北境，今西伯利亚贝加尔湖。 ⑪羝(dī)：公羊。 ⑫乳：生育，生小羊。公羊不可能生小羊，所以苏武永远不可能归汉。 ⑬廪(lǐn)食：匈奴官家所应供给的食物。 ⑭去(jǔ)：通"弆(jǔ)"，储藏。 ⑮节旄(máo)：古代符节上所饰的牦牛尾毛。

上林⑱中，得雁，足有系帛书，言武等在某泽中。使者大喜，如惠语以让⑲单于。单于视左右而惊，谢汉使曰："武等实在。"……武留匈奴凡⑳十九岁，始以强壮出，及还，须发尽白。

⑯昭帝：武帝少子刘弗陵，公元前86—前74年在位。昭帝始元六年，汉与匈奴达成和议。　⑰与俱：和他一起，陪同。　⑱上林：即上林苑，汉朝皇帝游玩射猎的园林，故址在今陕西西安附近。⑲让：责备。　⑳凡：总共。

## 全文翻译

卫律知道苏武终究不会被逼投降，就报告了单于。单于越发想要使苏武投降，于是把苏武囚禁在大地窖里面，隔绝与外界的联系，不给他喝的吃的。天下雪，苏武躺在雪地里嚼雪，与毡毛一起咽下充饥，过了几天都没死。匈奴认为这事很神奇，就把苏武迁移到北海边荒无人烟的地方，让他放牧公羊，说等公羊生了小羊他才能归汉。他的部下及其随从人员常惠等被另外安置到别的地方。

苏武到北海后，匈奴的粮食不来，苏武就掘取野鼠储藏的野生果实来吃。他拄着汉节牧羊，不管睡觉还是起来都拿着不放，（日久天长）系在节上的牦牛尾毛全部脱落。

汉昭帝继位几年以后，匈奴和汉朝达成和议。汉朝索要苏武等人，匈奴谎称苏武已死。后来汉使者又到匈奴，常惠请求看守他的人和他一起去拜见汉朝使者，（常惠）得以在夜里见到汉使，详细陈述了情况。他教汉使对单于说："天子在上林苑射猎，射得一只大雁，脚上系着帛书，上面写着苏武等人在某个湖边。"汉使很高兴，按照常惠教的话去责问单于。单于看着身边人员，很吃惊，向汉使道歉说："苏武他们的确还活着。"……苏武被扣留在匈奴共十九年，当初正在壮年时期出使匈奴的他，回来时胡须和头发全都白了。

## 知识拓展

苏武归汉后，在国内的政治纷争中过得并不太平。起初担任典属国，俸禄二千石(dàn)。第二年，他的儿子卷入谋反的阴谋中，苏武受牵连被免官。后因参与谋立宣帝的大业，赐爵关内侯，又复为典属国。苏武死后，甘露三年（公元前51年），匈奴降汉，汉宣帝命人画十一名功臣图像于麒麟阁以示纪念和表扬，苏武名列其中。苏武的高节大义彪炳史册。南宋文天祥有诗赞云："独伴羝羊海上游，相逢血泪向天流。忠贞已向生前定，老节须从死后休。"明代于谦又有《题苏武忠节图》，诗云："南北分携别意深，相看彼此泪沾巾。马蹄就道归乡国，雁足传书到上林。耿耿孤忠天地老，萧萧衰鬓雪霜侵。按图讲诵文山句，千古英雄共一心。"文天祥在宋室倾覆之际宁死不降，于谦在明朝危亡之时力挽狂澜，他们都是继承苏武精神的后人。前朝后代，英雄之心相通。

# 46 诫①子书

《诸葛亮集》

## 原文赏析

　　夫②君子③之行④，静以修身，俭以养德。非淡泊⑤无以明志，非宁静无以致远⑥。夫学须静也，才须学也，非学无以广才⑦，非志无以成学。淫慢⑧则不能励精⑨，险躁⑩则不能治性⑪。年与⑫时驰⑬，意与日⑭去⑮，遂成⑯枯落⑰，多不接世⑱，悲守穷庐，将复何及⑲！

## 全文翻译

　　君子的品行，用宁静来修养身心，用节俭来培养品德。不清静而不贪图功名利禄就无法明确自己的志向，不排除外在干扰就无法实现远大的目标。学习需要静心，而才干来源于学习。如果不学习，就无法增长自己的才干；如果没有远大的志向，就无法成就自己的学业。懈怠懒惰就不能专心将事情做到最好，轻薄浮躁就无法陶冶性情。年龄随着时间而增长，意志随着岁月而消逝，最终（人）就会如同花草凋零那样衰残，大多不能接触社会，被人任用，只能在僻陋的居室中悲叹坐守，（这时想要提高学识德行）又怎么来得及呢！

## 知识拓展

诸葛亮是三国时期蜀汉丞相，被后人誉为"智慧之化身"。这篇《诫子书》是诸葛亮临终前写给他七岁儿子诸葛瞻的一封家书。这封家书既是诸葛亮对其子的谆谆教诲，又可视为诸葛亮做人治学的宝贵经验。勤学慎思，修身养德，是中国古代文人"知行合一"价值观念的体现。清代大政治家与大学者曾国藩在其家书中亦反复劝诫后辈要勤俭治学，其"勤俭节约，未有不兴；骄奢倦怠，未有不败"等言与《诫子书》有异曲同工之妙。

# 47 曹冲称象

《三国志·魏书·邓哀王冲传》

## 原文赏析

邓哀王冲①字仓舒。少聪察岐嶷②，生五六岁，智意所及，有若成人之智。时孙权曾致③巨象，太祖④欲知其斤重，访⑤之群下⑥，咸莫能出其理⑦。冲曰："置象大船之上，而刻其水痕所至，称物以载之，则校⑧可知矣。"太祖大悦⑨，即施行焉⑩。

## 全文翻译

邓哀王曹冲字仓舒。他年少聪慧，五六岁时，智力和判断力所达到的程度，便与成人相仿了。当时孙权曾献给曹操一头大象，曹操想知道这头象的重量，便询问群臣，（群臣）都想不出称象的办法。曹冲说："把这头象放在大船上（把船放入水中），刻下水没过船的痕迹，然后称量其他物品放在船上（也达到水痕所在的位置），那么把这些物品的重量相加就可以得知大象的重量

### 词语释义

①邓哀王冲：指曹冲。曹冲，字仓舒，曹操和环夫人之子。从小聪明仁爱，与众不同，深受曹操喜爱，但仅十三岁（建安十三年）便病逝。黄初二年，曹丕给曹冲追赠谥号为邓哀侯，又追加称号为邓公。太和五年，追加曹冲谥号为邓哀王。
②聪察岐嶷(qíyí)：十分聪明。岐嶷：形容年少聪慧。
③致：进献。 ④太祖：指曹操。他的子曹丕称帝后，追尊曹操为武皇帝，庙号太祖。 ⑤访：询问。 ⑥群下：群臣。 ⑦理：方法。
⑧校(jiào)：计算，这里指把分次称量的重量合计。
⑨悦：高兴。 ⑩施行焉：按这办法做了。焉：代词，相当于"之"，指代办法。

了。"曹操十分高兴，立刻实施了这个办法。

**| 知识拓展 |**

　　思维转化可以有效化解生活中棘手的问题。曹冲巧用等量转换的方法，将巨象的重量化大为小，通过称出等量物品的重量得出巨象的重量。同样，战国时期田忌也利用了思维转化的智慧。在赛马比赛中，田忌善用策略，巧妙安排竞技对手，用自己的下等马对抗对手的上等马，用自己的上等马对抗对手的中等马，用自己的中等马对抗对手的下等马，从而在竞技中以巧获胜。

## 48 兰亭集序

《兰亭集序》

### 原文赏析

永和①九年，岁在癸丑②，暮春③之初，会于会稽④山阴⑤之兰亭，修禊事也⑥。群贤毕⑦至，少长咸集⑧。此地有崇山峻岭，茂林修竹，又有清流激湍，映带左右⑨。引以为流觞曲水⑩，列坐其次⑪。虽无丝竹管弦之盛⑫，一觞一咏，亦足以畅叙幽情。是⑬日也，天朗气清，惠风和畅。仰观宇宙之大，俯察品类⑭之盛，所以游目骋怀⑮，足以极⑯视听之娱，信⑰可乐也。

### 全文翻译

永和九年，在癸丑年三月初，我们聚集在会稽郡山阴城的兰亭，（来这里）是为了做禊事。年长的和年少的众多贤才都汇聚到这里。（兰亭）这个地方有高峻的山峰，茂盛的树林，高大的竹子，又有清澈湍急的溪流，点缀环绕在亭子的四周。我们汲引溪水作为流动水杯的曲折水道，依次排列坐在岸边，虽然没有演奏音乐的盛况，但一边饮酒，一边作诗，也足够畅快地抒发内心幽深的感情了。这一天，天气晴朗，空气清新，和风舒畅，仰头观览宇宙的浩大，俯身察看大地万物的众多，把他们作为纵目游览，驰骋胸怀的对象，足以极尽视听的欢愉，实在是很快乐啊。

## 知识拓展

《兰亭集序》为东晋书法家王羲之所作，其书法飘逸流畅，如行云流水而又笔力雄健，有"天下第一行书"的美誉。从内容上看，这篇序言记载了王羲之与当时名流文士在浙江绍兴兰渚山下以文相交的盛况。集会上，众人临溪而坐，饮酒赋诗，各自抒发内心的抱负情怀。作者亦从容地坐享自然美景，远离世俗的喧嚣。但集会的快乐过后，生命无常的悲叹涌入心中（参见未选入的文段）。寄情山水以寻求精神的慰藉，是古代文人雅集的主题之一。唐代诗人李白在《春夜宴从弟桃李园序》一文中也记叙了与诸位堂弟在桃花园聚会赋诗畅饮一事，以"况阳春召我以烟景，大块假我以文章"之言来回应人生苦短的烦恼。

⑦毕：全，都。　⑧咸：都。"群贤毕至，少长咸集"运用了互文的修辞，前后两句需互相补充来理解，意为"年长的和年少的众多贤才都汇聚到这里"。　⑨映带左右：辉映点缀在亭子的周围。映带：映衬、围绕。　⑩引以为流觞(shāng)曲(qū)水：汲引清流激湍，作为流动水杯的曲折水道。流觞曲水：用漆制的酒杯盛酒，放入弯曲的水道中任其漂流，杯停在某人面前，某人就引杯饮酒，这是古人一种劝酒取乐的方式。　⑪列坐其次：排列坐在曲水之旁。列坐：排列而坐。次：旁边，水边。　⑫丝竹管弦之盛：演奏音乐的盛况。盛：盛大。　⑬是：这。　⑭品类：自然界的万物。　⑮所以游目骋怀：用来纵目游览，驰骋胸怀。所以：用来。游：使……游。骋：使……驰骋，动词使动用法。　⑯极：尽。　⑰信：实在，的确。

# 49 削荆为笔

《拾遗记·后汉》

## 原文赏析

任末①年十四时，学无常师②，负笈③不远险阻。每④言："人而⑤不学，则何以成？"或⑥依林木之下，编茅为庵⑦，削荆为笔，刻树汁为墨。夜则映星望月，暗则缚麻蒿⑧以自照。观书有合意者，题⑨其衣裳，以记其事。门徒悦⑩其勤学，更以净衣易⑪之。非圣人之言不视。临终诫曰："夫人好学，虽⑫死若存⑬；不学者虽存，谓之行尸走肉耳！"河洛⑭秘奥，非正典籍所载，皆注记于柱壁及园林树木。慕好学者，来辄写⑮之。时人谓任氏为"经苑"。

## 全文翻译

任末十四岁时（十分用心学习），没有固定的老师。他经常背着书箱，不怕道路遥远和艰难险阻（出门求师访友）。他常常说："人如果不学习，那怎么能成就一番事业呢？"他有时在树木下面用茅草盖个小草屋，把荆条削成笔，划开树木取汁用作墨。晚上就着星光和月光（读书），（没有星光和月光的）暗夜就点燃麻秆来照明。看到书上有合乎自己心意的文字时，他就写在自己的衣服上，来记下这段文字。弟子们非常敬佩他勤学苦读的精神，（纷纷）拿干净衣服交换他写了字的衣服。（任末读书的时候）不是圣人的文章就不看。临终时他告诫弟子们说："人如果好学，即使死了，也如同活着；不学习的话，即使活着，也只能叫他行尸走肉罢了！"河图、洛书里神秘深奥的道理，一般的书中都没有记载，任末把自己一生的研究心得都写在柱子上、墙壁上和园林的树木上。那些仰慕他而又好学的人，来到这里就把它们抄录下来。当时的人都把任末称作"经苑"。

## 知识拓展

与读书勤奋有关的另一个成语是"韦编三绝"，它讲的是孔子读书用功，将编联书简的牛皮带子都翻断了。在任末看来，"夫人好学，虽死若存；不学者虽存，谓之行尸走肉耳！"学习之所以重要，是因为它不仅可以吸收知识，更能够实现生命的意义。任末对学习的重视反映了中国士大夫"三不朽"中"立言"的价值传统。"三不朽"语出《左传》："太上有立德，其次有立功，其次有立言。"对死后不朽之名的追求是古人士大夫精神世界的主题之一，其中，"立德"指树立道德操守，"立功"指建立事功业绩，"立言"则指著书立说，传于后世。

# 50 道旁苦李

《世说新语·雅量》

## 原文赏析

　　王戎①七岁，尝②与诸③小儿游④。看道旁李树多子⑤折枝，诸儿竞⑥走⑦取之，唯戎不动。人问之，答曰："树在道边而多子，此必苦李。"取之，信然⑧。

## 全文翻译

　　王戎七岁的时候，曾同几个小伙伴一起游玩。（他们）看见路边有棵李树，挂满了果实，压弯了树枝，小伙伴们都争先恐后地跑上前摘果子，只有王戎站着不动。有人问他怎么回事，王戎说："这树长在大路边却有那么多的果子，这一定是苦的李子。"有人摘下一尝，果真这样。

## 知识拓展

　　王戎是魏末晋初时期的名士，他与嵇康、阮籍、山涛、向秀、刘伶及阮咸是当时玄学的代表人物。七人相与友善，常一起相聚于竹林之间，肆意欢宴，并称"竹林七贤"。所入选的这篇文章讲述了王戎小时候智辨苦李的故事，寥寥几笔，就把一个心智聪慧的儿童刻画得活灵活现，跃然纸上。

## 51 周处除三害

《世说新语·自新》

**原文赏析**

周处①年少时，凶强侠气②，为乡里所患，又义兴水中有蛟，山中有邅迹虎③，并④皆暴犯⑤百姓。义兴人谓⑥为"三横"，而处尤剧⑦。或⑧说⑨处杀虎斩蛟，实冀⑩三横唯⑪余其一。处即⑫刺杀虎，又入水击蛟。蛟或浮或没⑬，行数十里，处与之俱⑭。经三日三夜，乡里皆谓⑮已死，更相庆⑯。竟⑰杀蛟而出。闻里人⑱相庆，始⑲知为人情所患，有自改意⑳。乃㉑入吴寻二陆㉒。平原不在，正见清河，具㉓以情告，并云："欲自修改㉔而年已蹉跎㉕，终无所成。"清河曰："古人贵朝闻夕死㉖，况㉗君㉘前途尚可。且人患㉙志之不立，何忧令名㉚不彰邪㉛？"处遂改励，终为忠臣孝子。

**词语释义**

①周处：字子隐，西晋义兴阳羡（今江苏宜兴）人。少时横行乡里，后发愤改过，砥砺自新。历仕吴晋，最后捐躯沙场，成为德行清廉、忠勇可嘉的名臣。　②凶强侠气：凶暴强悍，横行霸道。侠气：任性使气，这里指好争斗。　③邅（zhān）迹虎：邪足虎，也就是跛足虎。　④并：一起，指蛟与虎二者。　⑤暴犯：欺凌侵犯。　⑥谓：把……称作。　⑦尤剧：特别厉害。尤：尤其，特别。剧：厉害。　⑧或：有人。　⑨说（shuì）：劝说。　⑩冀：希望。　⑪唯：只。　⑫即：立即，马上。　⑬或浮或没：有时浮出水面，有时沉没水中。　⑭俱：一起。　⑮谓：认为。　⑯更相庆：相互庆祝。更相：互相。

## 全文翻译

　　周处年轻时，凶暴强悍，横行霸道好争斗，被乡里人讨厌，此外，义兴的河中有条蛟龙，山上有只跛脚虎，一起欺凌侵犯百姓。义兴的百姓把他们合称为三害，而这三害当中周处尤其厉害。有人劝说周处去杀死猛虎，斩杀蛟龙，实际上是希望三个祸害只剩下其中一个。周处立即（动身出发），杀死了老虎，又下河斩杀蛟龙。蛟龙时而浮出水面时而沉没水中，漂游了几十里，然而，周处一直跟随着它。过了三天三夜，同乡人都认为周处已经死了，互相庆祝。周处最终杀死蛟龙从水中出来了。（回到乡里）他听说乡里人认为自己死了而互相庆贺，才知道自己实际上被乡里人讨厌，（因而他）产生了改过自新的想法。于是他进入吴郡找寻陆机和陆云（以求指点）。陆机不在，他只见到了陆云，周处就把全部情况详细地告诉了陆云，并且说："我想要改正错误，可是岁月已经荒废，怕最终也不会有什么成就。"陆云说："古人珍视道义，认为早晨听闻了圣贤之道，哪怕是晚上死去也毫不遗憾，况且你的前途还是有希望的。再说，人担心的是没有志向，何必担忧美好名声不能远扬呢？"周处于是改正错误，砥砺自新，最终成为史上有名的忠臣孝子。

⑰竟：最终。　⑱里人：乡里人。　⑲始：才。　⑳意：想法，愿望。　㉑乃：于是，就。　㉒二陆：指陆机、陆云两兄弟，当时著名的学者。下文"平原"指陆机，因为陆机曾任平原内史；"清河"指陆云，因为陆云曾任清河内史。二人都以文学著称，人称"二陆"。　㉓具：详细地。　㉔修改：改正，"修"与"改"同义连用。　㉕蹉跎(cuō tuó)：虚度光阴，（时间）白白地过去。　㉖古人贵朝闻夕死：古人以朝闻道夕死为贵。贵：以……为贵。朝闻夕死：《论语·里仁》："朝闻道，夕死可矣。"这是说早上得知真理，晚上死去也没有遗憾。陆云用此典，是告诉周处，只要肯改正错误，就为时不晚。　㉗况：何况。　㉘君：你。　㉙患：担心，害怕。　㉚令名：美名。令：善，美好。　㉛邪：通"耶"，疑问语气词，呢。

**知识拓展**

　　文中陆机所言"古人贵朝闻夕死"出自《论语·里仁》中孔子之言"朝闻道，夕死可矣"。这句话大意是如果早上明白了道，那么晚上就算死去也是值得的。孔子这句古语强调的是体悟道的可贵之处。如果人生的意义在于体悟到真正的道理，那么即使之前犯了很多错误，也是值得原谅的。知错能改，善莫大焉。周处年少任性使气，但是他能听从陆云的劝导，改过自新。最终，他成为了一代名臣。

# 52 石崇与王恺争豪

《世说新语·汰侈》

## 原文赏析

石崇与王恺争豪①，并穷②绮丽③以饰舆服④。武帝⑤，恺之甥也，每助恺。尝以一珊瑚树高二尺许⑥赐恺。枝柯扶疏⑦，世罕其比⑧。恺以示崇；崇视讫⑨，以铁如意⑩击之，应手而碎。恺既惋惜，又以为疾⑪己之宝，声色甚厉。崇曰："不足恨⑫，今还卿。"乃命左右悉⑬取珊瑚树，有三尺、四尺，条干绝世，光彩溢目者六七枚，如恺许比⑭甚众。恺惘然⑮自失。

## 全文翻译

石崇和王恺斗富，全都倾尽各种华丽的物品来装饰车马和衣物。晋武帝司马炎是王恺的外甥，常常资助王恺。他曾经把一棵高二尺左右的珊瑚树赏赐给王恺。（这棵珊瑚树）枝叶繁茂，高低疏密有致，世间少有可以与它媲美的。王恺把这棵珊瑚树给石崇看，石崇看了以后，用铁如意敲击它，珊瑚树随即破碎。王恺既感到惋惜，又认为石崇是嫉妒自己的宝贝，（于是）神情严肃，语气严厉（地责问石崇）。石崇回答说："这没什么值得惋惜的，我现在就还给你。"于是他让手下的人把家中的珊瑚树全部取来，有三尺、四尺高，枝干（的精美粗大）绝世罕见，光彩夺目的珊瑚树共六七棵，和王恺那棵珊瑚树差不多的更是数量众多。王恺内心感到很失落。

## 知识拓展

石崇和王恺是晋代有名的两个富豪。石崇原系世家子弟，承祖先余荫，据说他在任荆州刺史期间，巧取豪夺，劫掠客商，积累无数珍宝，金银堆积如山。王恺是曹魏司徒王朗之孙，西晋武帝司马炎的舅舅，凭借着晋武帝的资助，经常与石崇斗富攀比。

《世说新语》中还记载，王恺用麦芽糖来刷锅，石崇就用蜡烛当柴火烧；王恺用紫丝布做步障，长达四十里，石崇则用锦缎做成长达五十里的步障来和他抗衡；石崇用花椒来刷墙，王恺则用赤石脂来刷墙……两人穷奢极欲的斗富行为，表现了两人的骄傲自大、目中无人的性格特征，也反映出当时社会攀比之风的盛行，表现了士族阶级依靠权势骄横暴戾的心态。

# 53 对牛弹琴

### 《弘明集·牟子理惑论》

**原文赏析**

公明仪①为牛弹《清角》之操②，伏③食如故。非牛不闻，不合其耳矣。转为蚊虻④之声，孤犊⑤之鸣，即掉⑥尾奋耳，蹀躞⑦而听。

**全文翻译**

公明仪为牛弹奏《清角》这首曲子，牛依旧像以前那样低头吃草。并非牛听不到曲子，是（这高雅的曲子）不适合它的耳朵啊。公明仪改为弹奏蚊子的嗡嗡声和落单小牛的鸣叫声，（牛听到后）马上摆动尾巴，竖起耳朵，踩着小步来回走动着听。

**词语释义**

①公明仪：战国时音乐家，善于弹奏七弦琴。　②《清角(jué)》之操：《清角》这首曲子。清角：雅曲名。操：琴曲。　③伏：低头。④蚊虻(méng)：指蚊子。⑤犊(dú)：小牛。　⑥掉：摆动。　⑦蹀躞(dié xiè)：小步行走的样子。

**知识拓展**

对牛弹琴，这一成语常用来嘲讽说话的人不看对象。与对牛弹琴相应的另一个成语是曲高和寡，出自宋玉的《对楚王问》："引商刻羽，杂以流徵，国中属而和者，不过数人而已。是其曲弥高，其和弥寡。"曲调越高深，能跟着唱的人越少。无论是演奏阳春白雪之曲，还是演奏下里巴人之曲，最关键的是为理想的听者演奏适合的曲子。同样，凡事只要做到因时、因地、因物、因事制宜就能达到理想的效果。

経典古文賞析

# 54 狂泉

《宋书·袁粲传》

**原文赏析**

昔①有一国，国中一水，号曰
"狂泉"。国人饮此水，无②不狂，唯
③国君穿井而汲④，独得无恙⑤。国人
既⑥并⑦狂，反谓⑧国主之不狂为狂。
于是聚谋⑨，共执⑩国主，疗其狂
疾。火艾针药⑪，莫不毕⑫具。国主
不任⑬其苦，于是到泉所酌⑭水饮
之，饮毕便狂。君臣大小，其狂若
一，众乃欢然。

**词语释义**

①昔：从前。 ②无：没有
人。 ③唯：只有。 ④汲：
从井里取水。 ⑤恙：
病。 ⑥既：已经。 ⑦并：
都。 ⑧谓：认为，以为。
⑨谋：商议。 ⑩执：抓
住。 ⑪火艾针药：用火艾
烧，拿银针扎，熬药汁
灌。 ⑫毕：全部。 ⑬任：
承受，承当。 ⑭酌：舀取。

**全文翻译**

从前有个国家，国内有一处泉水，叫作"狂泉"。人们喝了这泉水，没有
不发疯的，只有国君挖井并从井中打水喝而没有发狂。人们全都疯了以后，
反而认为国君的不疯狂是疯狂。于是他们聚在一起商议，一起抓住国君，治
疗他的"疯病"。（他们）用火艾烧，拿银针扎，熬药汁灌，没有什么治疗方
法没用过的。国君无法忍受这种痛苦，于是到狂泉所在之处舀取泉水喝，喝
完后便发疯了。于是从国君到臣民，所有人都一样疯狂，人们这才高高兴兴。

**知识拓展**

　　是选择与世同存，还是选择坚守自我？这一问题至今难以得到确切的解答。《狂泉》中的国君忍受不住折磨，选择饮狂泉之水失去正常的理智。而在另一篇著名古文《楚辞·渔父》中，屈原则感慨"举世皆浊我独清，众人皆醉我独醒"，宁可死去也要保持自身的高洁情操和高远志向，选择葬身在湘江鱼腹之中。放眼中华传统文化长流，有孔子"知其不可而为之"之言，亦有庄子"知其不可奈何而安之若命"之言，这看似对立的心态交互构成中华民族丰富多彩的精神世界。

## 55 君子必慎交游

《颜氏家训·慕贤第七》

**原文赏析**

古人云："千载一圣，犹旦暮也；五百年一贤，犹比髆①也。"言圣贤之难得疏阔②如此。傥③遭不世④明达君子，安⑤可不攀附景仰之乎？吾生于乱世，长于戎马⑥，流离播越⑦，闻见已多，所值⑧名贤，未尝不心醉魂迷⑨向慕之也。人在年少，神情⑩未定，所与款狎⑪，熏渍陶染⑫，言笑举动，无心于学，潜移暗化，自然似之。何况操履⑬艺能⑭，较明易习者也？是以⑮与善人居，如入芝兰⑯之室，久而自芳也；与恶人居，如入鲍鱼之肆⑰，久而自臭也。墨子悲於染丝⑱，是之谓矣。君子必慎交游⑲焉。孔子曰："无友不如己者。"颜、闵之徒⑳，何可世得！但㉑优于我，便足

**词语释义**

①比髆（bó）：并肩，挨得近。髆：肩胛。　②疏阔：间隔久远，稀少。　③傥：通"倘"，倘若，假如。　④不世：非一世所能有，即罕见，多指非凡。　⑤安：疑问代词，怎么，哪里。　⑥戎马：代指战争。　⑦流离播越：颠沛流离。播：流亡，迁徙。越：离，散。　⑧值：面对，遇到。　⑨心醉魂迷：形容仰慕之深。　⑩神情：精神性情，品行。　⑪所与款狎（xiá）：和志同道合的朋友朝夕相处。款：诚恳，恳切。狎：亲近。　⑫熏渍陶染：熏炙，渐渍，陶冶，濡染，指受到所结交的人不同方式的影响。　⑬操履：操守品行。　⑭艺能：技艺才能。　⑮是以：因此。　⑯芝兰："芝"和"兰"都是有香味的草本植物。芝：白芷，香草。

贵<sup>㉒</sup>之。

## 全文翻译

古人说："一千年出一位圣人，还像从早上到晚上这么快；五百年出一位贤人，就如同肩并肩一样密。"这是说圣贤是这样稀少难得。倘若遇上了罕见的明达君子，怎能不攀附景仰呢？我在乱世中出生，在兵荒马乱中长大，颠沛流离，所闻所见已经很多了，每次遇上名流贤士，没有不心醉神迷向往仰慕的。人在年轻之时，精神性情还都没有定型，和那些情投意合的朋友朝夕相处，受到他们的熏陶濡染，他们的言行神貌，行事及与人相处的方式，即便没有用心去学，也在潜移默化之中，自然而然地便与他们相似了。更何况是操守品行、技艺才能这些比较看得清楚容易学到的东西呢？因此，和优秀的人相处，便如同进入了满是白芷兰草的房间，时间久了自己也变得芬芳起来；和坏人相处，便如同进入了摆满鲍鱼的店铺，时间久了自己也变得腥臭起来。墨子因丝易被染而悲叹，说的就是这个道理啊。君子一定要慎重地选择交往的朋友啊。孔子说："不要和不如自己的人交朋友。"颜回、闵子骞这类人，我们一生都难以遇到啊！只要是比我优秀的人，就足以让我敬重了。

⑰肆：店铺。 ⑱墨子悲於染丝：《墨子·所染》有如下记载："子墨子言见染丝者而叹曰：染於苍则苍，染於黄则黄。所入者变，其色亦变；五入必，而已则为五色矣。故染不可不慎也！"意思是，就像丝很容易被染成其他颜色，人也很容易受到周边之人及环境的影响，因此交友要谨慎。墨子：春秋战国之际思想家、政治家，墨家学派的创始人。 ⑲交游：交际，交往。游：交际。 ⑳颜、闵之徒：颜回、闵子骞这类人。颜、闵指颜回和闵子骞，他们都是孔子学生中的杰出人物，被列入"德行科"。 ㉑但：只要。 ㉒贵：崇尚，敬重。

## ▐知识拓展▌

青少年的可塑性很强，择友而交对其成长有潜移默化的影响。古代文人一向重视交友的问题，孔子在《论语》中对交友之道也多有论述。比本篇所引用孔子之言"无友不如己者"更为耳熟能详的是"三人行，必有我师焉；择其善者而从之，其不善者而改之"。这句古语提醒我们，与人相处要注意学习他人的长处，并以他人缺点为戒。孔子还曾说过："益者三友，损者三友。友直，友谅，友多闻，益矣。友便辟，友善柔，友便佞，损矣。"这也是在讲择友的重要性。他认为与正直、诚信和博学多识的朋友交往是有益的，与阿谀奉承，当面恭维，背后诽谤和花言巧语的朋友交往是有害的。人要选择益友与之相交，交友需谨慎。

# 56 盘古开天辟地

《艺文类聚》

## 原文赏析

徐整《三五历记》曰："天地混沌①如鸡子②，盘古③生其中。万八千岁④，天地开辟⑤，阳清⑥为天，阴浊⑦为地。盘古在其中，一日九变，神于天⑧，圣于地⑨。天日⑩高一丈，地日厚一丈，盘古日长一丈，如此万八千岁。天数⑪极高，地数极深，盘古极长，后乃⑫有三皇⑬。数起于一⑭，立于三⑮，成于五⑯，盛于七⑰，处于九⑱，故天去⑲地九万里。"

## 全文翻译

徐整《三五历记》中记载道："世界开辟以前，天和地混沌成一团，像个鸡蛋一样，盘古就生在当中。过了一万八千年，天与地分开了，轻而清的阳气上升为天，重而浊的阴气下沉为地。盘古在天地中间，一天中有多次变化，比天、地都要神圣。天每日

## 词语释义

①混沌（hùn dùn）：古代传说中天地形成前的元气状态。②鸡子：鸡蛋。③盘古：中国古代传说中开天辟地的人物。④万八千岁：一万八千年。⑤开辟：天与地被打开，这里指天地的开始。⑥阳清：清澈的阳气。⑦阴浊：浑浊的阴气。⑧神于天：比天神圣。⑨圣于地：比地神圣。⑩日：每天。⑪数：数字，引申为大数。⑫乃：才。⑬三皇：天皇、地皇、人皇。⑭数起于一：数字开始于一。⑮立于三：建立于三。⑯成于五：成就于五。⑰盛于七：盛多于七。⑱处于九：终止于九。⑲去：距离。

升高一丈，地每日增厚一丈，盘古也每日长大一丈，这样又过了一万八千年。天升得非常高，地沉得非常深，盘古长得非常高大。天地开辟了以后，才出现了世间的天皇、地皇、人皇。数字开始于一，建立于三，成就于五，盛多于七，终止于九，因此天距离地有九万里。"

## ▐ 知识拓展

天地是怎样形成的，这是科学探究者永无止境的研究课题。古人善于运用艺术的手法，描绘天地形成、万物始生的过程。盘古开天辟地，表现了他战天斗地、自强不息的开拓精神；盘古死后化为日月、山川、江河，表现了他无私奉献、舍己为人的奉献精神。盘古亦人亦神，他的身上寄托了古代人民对为民造福的英雄人物的崇拜。

在上古神话传说中，除了盘古之外，女娲是另一位得到推崇的神话人物。相传女娲抟土造人，化生万物，使天地不再沉寂；她"炼五色石以补其阙，断鳌之足以立四极"（《列子·汤问》）。因此，女娲在神话中是一位神通广大、善良美丽的女神，被称为"大地之母"。

# 57 黔之驴

《柳河东集》

## 原文赏析

黔无驴，有好事者①船载以入②。至则无可用③，放之山下。虎见之，庞然④大物也，以为神⑤。蔽林间窥之⑥，稍出近⑦之，慭慭然⑧，莫相知⑨。

他日，驴一鸣，虎大骇⑩，远遁⑪，以为且噬己也⑫，甚恐。然往来视之⑬，觉无异能⑭者，益习其声⑮，又近出前后，终不敢搏⑯。稍⑰近⑱益⑲狎⑳，荡倚冲冒㉑，驴不胜怒㉒，蹄㉓之。虎因㉔喜，计之㉕曰："技止此耳㉖！"因跳踉㉗大㘎㉘，断其喉，尽㉙其肉，乃㉚去㉛。

## 全文翻译

黔（贵州的别称）这个地方本来没有驴，有一个多事的人用船运载（一头驴）进

### 词语释义

①好事者：喜欢多事的人。②船载以入：用船装运（驴）进黔地。船：名词作状语，用船。③至则无可用：到了黔地却没有什么用处。至：到达。则：却。④庞然：巨大的样子。然：……的样子。⑤以为神：省略句，以之为神。⑥林间窥之：藏在树林里偷偷观察它。⑦近：靠近，形容词活用为动词。⑧慭（yìn）慭然：小心谨慎的样子。⑨莫相知：不了解对方。莫：不。⑩大骇：非常害怕。骇：害怕。⑪远遁：逃得远远的。⑫以为且噬己也：认为将要咬自己。以为：认为。且：将要。噬：咬。⑬然往来视之：但来来回回地观察它。⑭觉无异能：觉得（驴）没有什么特别的本领。异：特别的。

入黔地，运到之后却（发现它）没有什么用处，就把它放在了山下。老虎看到它，觉得它是个巨大的动物，把它当作神奇的东西。（老虎）躲藏在树林里偷偷观察它，渐渐地出来接近它，十分小心谨慎，（老虎）不知道它到底是什么东西。

有一天，驴叫了一声，老虎非常害怕，逃得远远的，以为驴将要来咬自己，很恐惧。然而来来回回地观察它以后，（老虎）觉得（驴）没有什么特别的本领。渐渐习惯了驴的叫声，（老虎）就又走出来在驴的身前身后接近它，但始终不敢扑咬（驴）。（老虎）又渐渐地靠近（驴），更加随意地戏弄、碰撞、倚靠、冲撞、冒犯（它），驴忍不住发怒了，用蹄子踢老虎。老虎于是高兴起来，心里盘算道："（这家伙的）本领不过如此罢了！"于是跳起来大吼一声，咬断了驴的喉咙，吃光了它的肉，才离开。

### 知识拓展

"外强中干""色厉内荏（rěn）"自古以来就用来描述那些外表强大，内在却空虚软弱的人。"外强中干"出自《左传·僖公十五年》："今乘异产以从戎事，及惧而变，……外强中干，进退不可，周旋不能，君必悔之。"而"色厉内荏"则出自《论语·阳货》："色厉而内荏，譬诸小人，其犹穿窬（yú）之盗也与？"而柳宗元用一个小寓言就把这两个词语活生生地呈现了出来，而且创造了一个"代言人"——黔之驴，一头外表强大，实则毫无本领的弱驴。从此，"黔之驴"便成为中国文化中的一个独特形象，给人们以启迪和鞭策。

⑮益习其声：逐渐习惯了驴的叫声。益：渐渐地。习：熟悉，习惯。　⑯终不敢搏：始终不敢扑咬它。终：始终。搏：击，扑。　⑰稍：渐渐。　⑱近：走近，靠近。⑲益：更加。　⑳狎（xiá）：态度亲近而不庄重。㉑荡倚冲冒：形容虎对驴轻侮戏弄的样子。荡：碰撞。倚：靠近。冲：冲撞。冒：冒犯。㉒驴不胜怒：驴禁不住发怒。胜：禁得住，忍受。　㉓蹄：用蹄子踢，名词活用为动词。　㉔因：副词，于是，就。　㉕计之：盘算这件事。计：盘算。之：指驴子生了气只能踢的情况。　㉖技止此耳：本领不过如此罢了。技：本领，技能。止：同"只"，仅仅。此：如此。耳：罢了。㉗跳踉（liáng）：跳跃。㉘㘎（hǎn）：吼叫。㉙尽：吃尽，吃光，形容词活用作动词。㉚乃：副词，才。　㉛去：离开。

## 58 永某氏之鼠

《柳河东集》

**原文赏析**

永有某氏者，畏日①，拘忌异甚②。以为己生岁直子③，鼠，子神也，因爱鼠，不畜猫犬，禁僮④勿击鼠。仓廪⑤庖厨⑥，悉⑦以恣⑧鼠不问。由是⑨鼠相告："皆来某氏，饱食而无祸。"某氏室无完器，椸⑩无完⑪衣，饮食大率鼠之余也。昼累累⑫与人兼行⑬，夜则窃啮⑭斗暴⑮，其声万状，不可以寝，终不厌。

数岁⑯，某氏徙⑰居他州。后人来居，鼠为态如故。其人曰："是阴类恶物也，盗暴⑱尤甚。且何以至是乎哉？"假⑲五六猫，阖门⑳，撤瓦㉑，灌穴，购僮㉒罗㉓捕之。杀鼠如丘，弃之隐处，臭数月乃已㉔。

**词语释义**

①畏日：害怕触犯日忌。古人迷信，相信日子有吉凶，对日子有迷信忌讳。
②拘忌异甚：拘泥禁忌特别严重。
③生岁直子：出生的年份恰逢子年。直：通"值"，遇到。子：农历的子年。　④僮：未成年的仆人。　⑤仓廪(lǐn)：古时称谷仓为仓，米仓为廪，这里泛指储存粮食的仓库。　⑥庖厨：厨房。　⑦悉：全，都。　⑧恣(zì)：放纵。　⑨由是：因此。　⑩椸(yí)：衣架。　⑪完：完好的，完整的。　⑫累累：一个接一个，成群结队。　⑬兼行：一起行走。　⑭窃啮(niè)：偷咬东西。　⑮暴：欺凌。
⑯数岁：几年。　⑰徙：迁移，搬离。　⑱盗暴：偷吃食物，糟蹋物品。　⑲假：借。　⑳阖门：关闭门户。　㉑瓦：陶器的总称，这里指坛坛罐罐，也有理解为瓦片，撤瓦即翻开瓦片。　㉒购僮：奖赏仆人。购：悬赏，奖赏。　㉓罗：本指捕鸟兽的网，这里与捕连用，泛指捕捉。　㉔已：消散。　㉕恒：长久。

呜呼！彼以其饱食无祸为可恒⑤也哉！

## 全文翻译

　　永州有一个人，害怕触犯时日的禁忌，拘泥禁忌非常严重。（他）认为自己出生的年份恰好是子（鼠）年，老鼠是子年的神，因此非常爱护老鼠。家里不许养猫养狗，给仆人下禁令，不要打老鼠；家里的仓库、厨房，全都任凭老鼠恣意横行，不加过问。于是老鼠们就相互转告："都到某人家里来，能吃得饱饱的还不会有任何灾祸。"（因此）这个人家里没有一样完好的器物，衣架上没有一件完好的衣服，吃的喝的大都是老鼠吃剩下的。大白天老鼠成群结队和人在一起活动，晚上啃咬东西，互相打斗欺凌，那声音千奇百怪，闹得人睡不着觉，（而他）却始终不感到讨厌。

　　过了几年，这个人搬到别的地方去了。后来搬进来另外一家人，老鼠的所作所为仍然像过去一样。新搬来的人（看到这幅场景）说："这些是生活在阴暗地方的坏东西，偷窃糟蹋物品特别厉害。（这里）怎么到这样的地步了呢？"便借了五六只猫，关上大门，搬开坛坛罐罐，用水浇灌老鼠洞，奖赏仆人到处搜寻追捕老鼠，杀死的老鼠堆得跟山丘一样，老鼠的尸体被扔在偏僻的地方，臭味好几个月后才散去。

　　哎！你们认为这样吃饱喝足并且没有灾害的日子是可以永恒长久的吗！

## 知识拓展

　　柳宗元的这则寓言，表面写鼠，实则喻人。从永某氏的角度来看，倘若一味姑息，就不得不承受鼠患；而从老鼠的角度看，"多行不义必自毙"，也许能得一时之逍遥，但终究难逃制裁。《诗经》有云："相鼠有皮，人而无仪。"有的人，有时候比老鼠还肮脏、丑恶和贪婪！这则寓言深刻有力地讽刺了封建剥削阶级丑恶的人情世态，讽刺了纵恶逞凶的官僚和猖獗一时的如同老鼠一般丑恶的人。

# 59 小石城山记

《永州八记》

　　自西山道口径①北②，逾③黄茅岭而下，有二道：其一西出④，寻之无所得；其一少⑤北而东，不过⑥四十丈，土断而川⑦分，有积石横当⑧其垠⑨。其上为睥睨⑩、梁欐⑪之形，其旁出堡坞⑫，有若⑬门焉。窥之正黑，投以小石，洞然⑭有水声，其响之激越⑮，良久乃已。环之可上，望甚远，无土壤而生嘉树美箭⑯，益⑰奇而坚。其疏数偃仰⑱，类智者所施设也。

　　噫！吾疑造物者之有无久矣。及是，愈以为诚⑲有。又怪其不为之中州，而列⑳是夷狄，更千百年不得一售其伎㉑，是固劳而无用。神者傥不宜如是，则其果无乎？或曰："以慰夫贤而辱于此者。"或曰："其气之灵，不为伟人，而独为是物，故

## 词语释义

①径：一直。　②北：向北，名词活用作动词。　③逾：越过。　④西出：向西走。　⑤少：义同"稍"，稍微。　⑥过：超过。　⑦川：河流。　⑧当：对着，横挡。　⑨垠：尽头。　⑩睥(pì)睨(nì)：城上如齿状的矮墙。　⑪梁欐(lì)：栋梁，这里指山石堆积，形似城上望楼一类的建筑。　⑫堡坞：像小城堡的石头。　⑬有若：好像。　⑭洞然：象声词，形容具有穿透力的样子。　⑮激越：高亢激昂。　⑯嘉树美箭：茂盛的树木和竹子。嘉：美好的。箭，小竹子。　⑰益：更加，越发。　⑱疏数(shuò)偃(yǎn)仰：疏密起伏。数：密。偃：俯。　⑲诚：确实。　⑳列：陈列，摆放，这里指分布。　㉑伎：通"技"，这里指美景。

楚之南少人而多石。"是二者，余未信之。

## 全文翻译

从西山路口一直向北走，越过黄茅岭往下走，有两条路：一条向西走，沿着它走过去什么（景致）也没有；另一条稍微偏北而后向东，走了不到四十丈，路就被一条河流截断了，有堆积的石头横挡在这条路的尽头。石山顶部（天然）生成矮墙和栋梁的形状，旁边又凸出一块像是堡垒（的石头），那里还有一个像门的洞。往里面看一片漆黑，用小石子扔进去，咚的一下有水响声，那声音洪亮悠长，好久才消失。盘绕着（石山走）可以登到山顶，（站在上面可以）望得很远。山上没有泥土却长着很丰茂的树木和竹子，更显得奇特坚硬。竹木分布疏密有致、高低参差，好像是有智慧的人特意布置的一样。

唉！我好奇有没有造物者这件事已很久了，到了这儿更以为造物者确实是有的。又奇怪他不把这小石城山安放到（人烟稠密的）中原地区去，却把它摆在这（荒僻遥远的）蛮夷之地，即使经过千百年也没有一次可以显示自己奇异景色的机会，这简直是白耗力气而毫无用处。造物者不应该这样做，那么果真是没有（造物者）的吧？有人说："这是用来安慰那些被贬逐在此的贤人的。"也有人说："这里的灵秀之气不孕育伟人，而唯独凝聚成这奇山胜景，所以楚地的南部少出人才而多产奇峰怪石。"这两种说法，我都不信。

## 知识拓展

柳宗元思考关于"造物者之有无"这一重大哲学命题的过程告诉我们，要了解事物的真相，必须实地考察，不可轻信于一般言辞。苏轼在一次偶然的机会中来到石钟山考察，得出郦道元、李渤关于石钟山的描写与现实不符的结论，告诉我们不能"事不目见耳闻，而臆断其有无"。所以，实地考察、实事求是非常重要。

# 60 不为物累

《归田录》

## 原文赏析

吕文穆公①蒙正以宽厚为宰相，太宗尤所眷遇②。有一朝士，家藏古鉴③，自言能照二百里，欲因④公弟献，以求知。其弟伺间⑤从容⑥言之，公笑曰："吾面不过碟子大，安⑦用照二百里？"其弟遂不复敢言。闻者叹服，以为贤于李卫公⑧远矣。盖⑨寡好⑩而不为物累者，昔贤之所难也。

## 词语释义

①吕文穆公(944年—1011年)：即吕蒙正，字圣功，谥号文穆，河南洛阳人。北宋初年宰相。 ②眷遇：关照礼遇。③鉴：镜子。 ④因：通过。 ⑤伺间：等到机会。 ⑥从容：随意，闲谈。 ⑦安：哪里，怎么。 ⑧李卫公(571年—649年)：即李靖，字药师，封卫国公，雍州三原(今陕西三原县东北)人，唐初杰出军事家。 ⑨盖：句首发语词，无义。 ⑩寡好：爱好很少。寡：少。

## 全文翻译

吕文穆公（蒙正）凭借宽厚成为宰相，宋太宗对他特别知遇关照。有一个朝中的官吏，家里收藏了一面古镜，他自己说能照到两百里远，想通过吕蒙正的弟弟把古镜送（给吕蒙正）以博取赏识。吕蒙正弟弟找机会在闲谈中提到这件事。吕蒙正笑着说："我的脸不过碟子大，哪里用得着能照两百里远（的镜子）呢?"他弟弟（听后）也就不敢再说什么了。听说这件事的人都赞叹佩服（吕蒙正），认为（他）比唐朝宰相李靖还要贤良。（像吕蒙正这样）没有特别嗜好而又不被物欲拖累的人，古代的贤者也很难做到啊。

## 知识拓展

　　手握权柄者如果有特别的爱好，这爱好就会成为他的弱点，容易被人投其所好。吕蒙正淡泊名利，拒绝接受别人进献的珍品，就是"不为物累"、保持清明廉洁的生动范例。不受物欲的拖累，便不会受制于人，才能保持人格的独立性，才能毫不徇私地坚持原则。范仲淹在《岳阳楼记》中所说的"不以物喜，不以己悲"，体现了正直知识分子心系天下、不计个人得失的高贵品质，与吕蒙正的坚持操守、廉洁奉公可谓异曲同工。

# 61 欧阳修苦读

《欧阳文忠公集·附录》

## 原文赏析

先公①四岁而孤②，家贫无资。太夫人③以荻④画地，教以书⑤字，多诵古人篇章。及其稍长⑥，而家无书读，就⑦闾里⑧士人家借而读之，或因⑨而抄录。抄录未毕，而已能诵其书。以至昼夜忘寝食，惟读书是务⑩。自幼所作诗赋文字，下笔已如成人。

## 词语释义

①先公：称已去世的父亲，这里指欧阳修。　②孤：年幼丧父。　③太夫人：官员母亲的尊称，这里指欧阳修母亲。　④荻：芦苇一类的植物。　⑤书：写。　⑥长（zhǎng）：年长。　⑦就：到，接近。　⑧闾（lú）里：乡里。　⑨因：趁机。　⑩惟读书是务：只是致力于读书。"惟……是……"是宾语前置的固定结构，"惟"表示强调，相当于"只"。务：从事，致力于。

## 全文翻译

我父亲四岁时就失去了他的父亲，家境贫穷，没有钱（用来上学）。他的母亲就用芦苇秆在沙地上书写来教他写字，还教他诵读许多古人的篇章。等他年龄大了一些，家里没有书可读，他就到乡里的读书人家去借书来读，有时趁机抄录下来。还没抄完，就已经能背诵文章。（他）专心到无论白天还是黑夜都废寝忘食，只致力于读书。他小时候所写的诗歌文章，就已经像成人写的一样有文采了。

## 知识拓展

　　本文为欧阳修儿子欧阳发对父亲生平的追述。欧阳修为读书废寝忘食，从小奠定了良好的文学基础，长大后才成长为一代文豪。关于勤学苦读，历史上有不少经典的故事。吕蒙正寒窗苦读，方能凭学识三次为相；孔子晚年韦编三绝，熟读《易经》；苏秦读书欲睡，以锥刺股；孙敬以绳系发，悬屋梁等典故都被传为佳话。这些故事告诉我们，做任何事都要付出努力才能成功。

**62 牛角挂书**

《新唐书·李密传》

## 原文赏析

密以薄鞯①乘牛，挂《汉书》一帙②角上，行且③读。越国公杨素适④见于道，按辔⑤蹑⑥其后，曰："何书生勤如此？"密识素，下拜。问所读，曰："《项羽传》。"因与语⑦，奇⑧之。归谓子玄感曰："吾观密识度⑨，非若等辈⑩。"玄感遂倾心结纳⑪。大业九年，玄感举兵黎阳，遣⑫人入关迎密。

## 全文翻译

李密铺着单薄的垫子骑牛，在牛角上挂一套《汉书》，一边走一边看书。越国公杨素正巧在路上看见，就拉住马的缰绳，慢慢地跟在他后面，问："哪来的书生这般勤奋？"李密认识杨素，从牛背上下来参拜。杨素问他读的是什么，他回答说："《项羽传》。"杨素于是和他交谈，觉得很惊奇。回家后（杨

## 词语释义

①薄鞯(jiān)：单薄的垫子。鞯：本指衬在马鞍下的垫子。 ②帙(zhì)：书籍的量词，本指古代竹帛书籍的套子，多以布帛制成，后世也指线装书的函套，又引申为量词。 ③且：一边……一边……。 ④适：恰巧。 ⑤按辔(pèi)：拉住马的缰绳。辔：驾驭牲口的嚼子和缰绳。 ⑥蹑(niè)：跟随。⑦语：交谈。 ⑧奇：对……感到奇异，形容词意动用法。⑨识度：见识风度。 ⑩等辈：相同的水平。 ⑪结纳：结交。 ⑫遣：派。

素）对儿子杨玄感说："我看李密的见识风度，不是你们能比的。"玄感因此就倾心结交李密。后来，玄感在黎阳起兵，派人入函谷关迎接李密。

## 知识拓展

李密读书勤奋，骑牛时也不忘抓紧时间读书，方得越国公杨素赏识。《送东阳马生序》是明初宋濂送给他的同乡浙江东阳县青年马君则的文章。在这篇赠言里，作者叙述个人早年虚心求教和勤苦学习的经历，勉励青年人珍惜良好的读书环境，专心治学。文中生动而具体地描述了作者借书求师之难，饥寒奔走之苦，并与太学生优越的条件加以对比，有力地说明学业能否有所成就，主要在于主观努力，不在于天资的高下和条件的优劣，这在今天仍有借鉴意义。这些刻苦读书的先辈，都是值得我们效仿的榜样。

# 63 陶侃惜谷

《资治通鉴·晋纪·肃宗明皇帝下》

## 原文赏析

陶侃尝①出游，见人持②一把未熟稻，侃问："用此何为③？"人云④："行道所见，聊⑤取之耳。"侃大怒曰："汝既不田⑥，而戏贼⑦人稻！"执⑧而鞭⑨之。是以⑩百姓勤于农植，家给⑪人足⑫。

## 全文翻译

陶侃曾经外出游历，看到一个人拿着一把没成熟的稻穗，陶侃问道："拿这些东西做什么？"那人说："我走在路上看见的，随便取来玩玩罢了。"陶侃非常生气地说："你自己已经不从事农耕了，竟然还为了戏耍而毁坏农人的庄稼！"（于是陶侃）就把那人抓起来用鞭子抽打。因此老百姓都致力于耕种，家家生活富裕，人人衣食丰足。

## 词语释义

①尝：曾经。　②持：拿着。
③何为：即"为何"，做什么，疑问代词作宾语，宾语前置。　④云：说。　⑤聊：随便。　⑥不田：不耕作。田：名词活用为动词，耕作。
⑦贼：毁坏，伤害。　⑧执：抓住。　⑨鞭：抽打，名词活用为动词。　⑩是以：因此。　⑪给（jǐ）：富裕。
⑫足：丰足。

## 知识拓展

　　古代中国是典型的农业国，中华民族是典型的农耕民族。"农为本""敬惜地力"的农业思想在今天仍然影响着已经工业化和现代化的中国。古代有许多爱惜民力、关注农业现实的文学作品，如大家熟悉的《悯农》诗："谁知盘中餐，粒粒皆辛苦。"古代有禁酒政策，目的是"禁酒以广粮储"，即保障口粮，杜绝浪费。陶侃作为东晋一代名臣良将，其爱惜农力、敬惜稻谷的行为，也反映了中华民族古代社会的农业思想和作为农耕民族的优良美德。

# 64 伤<sup>①</sup>仲永

《临川先生文集》

　　金溪民方仲永，世隶<sup>②</sup>耕。仲永生五年，未尝识书具<sup>③</sup>，忽啼求之。父异焉<sup>④</sup>，借旁近与之，即书<sup>⑤</sup>诗四句，并自为其名。其诗以养父母、收族为意，传一乡秀才观之。自是<sup>⑥</sup>指物作诗立就，其文理皆有可观者。邑人奇<sup>⑦</sup>之，稍稍<sup>⑧</sup>宾客其父，或以钱币乞<sup>⑨</sup>之。父利<sup>⑩</sup>其然也，日扳<sup>⑪</sup>仲永环谒<sup>⑫</sup>于邑人，不使学。

　　余闻之也久。明道中，从先人还家，于舅家见之，十二三矣。令作诗，不能称<sup>⑬</sup>前时之闻。又七年，还自<sup>⑭</sup>扬州，复到舅家问焉。曰："泯然众人矣<sup>⑮</sup>。"

　　王子曰：仲永之通悟，受之天也。其受之天也，贤于<sup>⑯</sup>材人远矣。卒<sup>⑰</sup>之为众人，则其受于人者不至

## 词语释义

①伤：哀伤，叹息。　②隶：属于。　③书具：书写工具。　④异焉：对这件事感到诧异。异：认为……诧异，形容词意动用法。焉：代词，这件事。　⑤即书：立刻写。即：就，立刻。书：写。　⑥自是：从此。　⑦奇：认为……奇特，形容词意动用法。　⑧稍稍：渐渐。　⑨乞：求取。　⑩利：意动，认为……有利可图。　⑪扳(pān)：同"攀"，牵着，拉着。　⑫环谒(yè)：四处拜访。谒：拜访，拜见。　⑬称：相称，符合。　⑭自：从。　⑮泯然众人矣：完全和普通人一样了。泯然：消失，指原有的特点完全消失了。众人：普通人。　⑯于：比。　⑰卒：最终。　⑱且：尚且。　⑲得：能够。　⑳而已：罢了，表示限止的语气词。

也。彼其受之天也，如此其贤也，不受之人，且⑱为众人；今夫不受之天，固众人，又不受之人，得⑲为众人而已⑳耶？

## 全文翻译

金溪有个叫方仲永的人，家中世代以耕田为业。（仲永长到）五岁时，不曾见过书写工具，（却）忽然哭着索要这些东西。他的父亲对此感到很诧异，就向邻居借来（这些东西）给他。（仲永）立刻写下了四句诗，并题上自己的名字。这首诗以奉养父母和团结同宗族的人为内容，被传给全乡的秀才观览。从此指定事物让他作诗，（他）立刻就能完成，那诗的文采和道理都有值得欣赏的地方。同县的人对他感到很惊奇，渐渐地像对待宾客一样对待他的父亲，有的人还花钱求取仲永的诗。方仲永的父亲认为这样有利可图，每天拉着仲永四处拜访同县的人，不让（他）学习。

我听到这件事很久了。明道年间，我跟随父亲回到家乡，在舅舅家见到方仲永，（他已经）十二三岁了。（我）叫他作诗，（他的诗）已经不能与从前的名声相称了。又过了七年，（我）从扬州回来，再次到舅舅家去，问起方仲永的情况，（舅舅）回答说："他的才能已经消失了，变得和普通人一样了。"

王先生说：方仲永的通达聪慧，是先天得到的。他的天赋，比一般有才能的人要优秀得多。但最终成为一个普通的人，是因为他后天所受的教育还没有达到要求。他先天得来的禀赋那么好，没有受到后天教育，尚且成为普通的人；现在那些没有先天禀赋的人，本来就是普通的人，又不接受后天的教育，难道成为普通人就为止了吗？

## 知识拓展

《伤仲永》的故事讲的是即使天资再好，也要不断学习的道理。文中的方仲永天资聪颖，却因为没有得到正确引导和良好的后天教育而最终"泯然众人"。南朝文学家江淹，年轻时文思泉涌、才华横溢，作品《恨赋》《别赋》被称为"千古奇文"，然而他官运通达后自满于现状，不再潜心钻研文学，最终文采枯竭，再无佳句，"江郎才尽"的成语便由来于此。可见不能满足于优异的天资和现有的成就，只有努力上进，不断进取才会有更大的进步。

# 65 牧童评画

《东坡志林》

蜀中有杜处士①，好书画，所宝②以百数。有戴嵩《牛》一轴，尤所爱，锦囊玉轴③，常以自随。

一日曝书画④，有一牧童见之，抚掌⑤大笑，曰："此画斗牛⑥也，牛斗力在角，尾搐入两股间⑦。今乃掉尾⑧而斗，谬⑨矣！"处士笑而然⑩之。

古语云："耕当问奴，织当问婢。"不可改也。

**全文翻译**

四川有个杜处士，爱好书画，珍藏的书画数以百计。其中一幅唐代著名画家戴嵩画的《牛》，（他）特别珍爱，用织锦做画袋，用玉石做画卷的轴（加以保存），经常随身带着。

有一天他晾晒书画，一个牧童看到了这幅画，拍手大笑说："这画上画的是角斗的

**词语释义**

①杜处士：姓杜的读书人。处士：有德才而不做官的读书人。　②宝：这里作动词，珍藏。　③锦囊玉轴：用彩锦做装画的袋子，用玉石做画卷的轴。　④曝（pù）书画：指打开书画晾晒，防止受潮发霉。曝：晾，晒。⑤抚（fǔ）掌：拍手。　⑥斗牛：互相角力争斗的牛。　⑦尾搐（chù）入两股间：牛将尾巴夹缩在两条大腿间。搐：收缩。股：大腿。　⑧掉尾：摇着尾巴。掉：摆动，摇动。⑨谬（miù）：错。　⑩然：认为……是对的，意动用法。

牛呀，牛在角斗的时候力量集中在角上，尾巴夹缩在两条后腿之间。这幅画却画成牛摇着尾巴在角斗，（这幅画）画错了啊！"杜处士听了，笑着认为牧童说得对。

古话说过："耕地的事情要请教农民，纺织的事情要请教婢女。"这是不可改变的道理啊。

## 知识拓展

"耕当问奴，织当问婢。"在生活实践之中，从事专业工作的人往往更有发言权。文学家、艺术家的作品取材于生活并反映生活，倘若出现不符合实际情况的错误，便会贻笑大方。这则故事中，能指出错误的牧童是值得称赞的。而作为学识丰富、身份地位高的杜处士，当自己收藏的名画被指出错误时，能听取牧童的意见，尊重事实，大度、客观地承认牧童的正确之处，更是令人钦佩。这与"敏而好学，不耻下问，是以谓之文也"同旨。

# 66 狄梁公与娄师德

《唐语林·雅量》

## 原文赏析

　　狄梁公①与娄师德②同为相。狄公排斥师德非一日，则天问狄公曰："朕大用卿，卿知所自③乎？"对曰："臣以文章直道④进身⑤，非碌碌因⑥人成事。"则天久之曰："朕比⑦不知卿，卿之遭遇⑧，实师德之力也。"因命左右取筐箧⑨，得十许通荐表⑩，以赐狄公。梁公阅之，惧恐引咎⑪，则天不责。出于外曰："吾不意⑫为娄公所涵！"而娄公未尝有矜色⑬。

## 全文翻译

　　狄仁杰与娄师德一同担任国相。狄仁杰排斥娄师德不止一天了，武则天问狄仁杰："朕重用你，你知道是什么原因吗？"狄仁杰回答说："我凭着出色的文章和端正的品行而得到提拔，并不是无所作为、依靠他人成事的人。"过了好久，武则天对他说："我从前并不了解你，你做高官，实际上是因为娄师德的推荐啊。"于是令侍从拿来文件箱，取出十几篇（娄师德）推荐狄仁杰的奏表。狄仁杰读了之后，惊恐得连忙认错，武则天没有责备他。狄仁杰走出去后说："我没想到（自己）被娄师德包容！"而娄师德从来没有自傲的神色。

**知识拓展**

　　娄师德宽容对待并推荐排斥自己的狄仁杰，两人和睦相处，为江山助力，这告诉我们宽容生和、和助万事的道理。在战国时期的赵国，蔺相如面对廉颇的恶意，也是以家国为先，宽容忍让。有蔺相如的忍让，才有廉颇的负荆请罪，才有"将相和"的佳话。宽容和谦让，是人际交往的润滑剂，也为生活和事业提供了助力。

# 67 推敲

《苕溪渔隐丛话前集》

## 原文赏析

　　《刘公嘉话》云：岛初赴举①京师，一日于驴上得句云："鸟宿池边树，僧敲月下门。"始欲着"推"字，又欲着"敲"字，练②之未定③，遂于驴上吟哦④，时时引手⑤作推敲之势。时韩愈吏部权京兆⑥，岛不觉冲至第三节。左右拥至尹前，岛具⑦对所得诗句云云。韩立马良久，谓岛曰："作敲字佳矣。"遂⑧与并辔⑨而归，留连⑩论诗，与为布衣⑪之交。

### 词语释义

①赴举：参加科举考试。
②练：这里指反复琢磨，锤炼，写诗的人叫"炼字"。　③未定：决定不下来。　④吟哦(é)：有节奏地吟诵。　⑤引手：伸手。　⑥权京兆：临时代理京都地区的行政长官。权：临时代理。京兆：京都地区。　⑦具：详细，具体。　⑧遂：于是，就。　⑨辔(pèi)：驭马的缰绳，这里指代马。　⑩留连：用心琢磨。　⑪布衣：平民。

## 全文翻译

　　《刘公嘉话》记载：贾岛当初到京城长安参加科举考试，有一天骑在驴背上（出行的时候）创作了一句诗："鸟宿池边树，僧敲月下门。"（他）开始想要用"推"字，后来又想要用"敲"字，用心反复琢磨，也没能确定用哪个字更恰当传神，于是在驴背上吟咏诵读，还不时地伸手比划"推""敲"的姿势。当时韩愈以吏部侍郎暂兼代京兆尹（正路过这里），贾岛不知不觉冲撞到（韩愈）仪卫队的第三部分。韩愈的随从人员（把贾岛）推拥着带到京兆尹韩愈面前。贾岛详细述说自己吟咏琢磨诗句用字的情况。韩愈停马伫立很久，对贾岛说道："还是用'敲'字更好啊。"于是韩愈与贾岛并排骑马回到官府，（一起）用心琢磨研讨诗作。（后来）贾岛成为（韩愈的）平民好友。

## 知识拓展

　　一字能千金，中有千斤力。古代行文、吟诗、填词、修史，对于文字的斟酌推敲一直十分重视。《诗经》有云："有匪君子，如切如磋，如琢如磨。"所谓"切磋""琢磨"，历来被视为君子的必备品质，是"吾日三省吾身"，也是"学而时习之"。文章也需要这种雕琢来树立品格，养成气质。无论是微言大义的春秋笔法，还是"天然去雕饰"的太白诗歌，都是精心酝酿、修炼文字的结果。作为唐代著名的"苦吟诗僧"，贾岛的这一"推敲"体现了其诗歌技巧和诗人素养。

# 68 铁杵①磨针

《方舆胜览·眉州·磨针溪》

## 原文赏析

　　磨针溪，在眉州象耳山下。世传李太白读书山中，未成，弃去②。过是溪，逢③老媪④方⑤磨铁杵，问之，曰："欲作针。"太白感⑥其意，还卒⑦业。媪自言姓武。今溪旁有武氏岩。

### 词语释义

①杵(chǔ)：棒。　②去：离开。　③逢：遇见。　④媪(ǎo)：老妇人。　⑤方：正在。　⑥感：受到触动。　⑦卒：完成。

## 全文翻译

　　磨针溪坐落在眉州的象耳山下。传说李白在山中读书，没有完成学业，就放弃（学习）离开了。（他）路过这条小溪，遇见一位老妇人正在磨一根铁棒，（李白）问老妇人（在干什么），（老妇人）说："（我）想把它磨成针。"李白被她的精神触动，回去完成了学业。那老妇人自称姓武。现在那溪边还有武氏岩。

## 知识拓展

　　"铁杵磨针"的故事告诉我们做事要有恒心，坚持才能成功。少年时的李白心性未定，也曾在求学的道路上半途而废。可是当他看到老妇人要把这么粗的铁杵磨成一根细细的针时，不禁被这位老妇人的精神深深触动！从此以后，李白刻苦读书，饱览历代诗词文赋，终于成为一名雄踞诗坛、千古耀眼的著名诗人。正所谓绳锯木断、水滴石穿，量的积累引起质的飞跃，只有坚持不懈，才能获得最后的成功。

経典古文赏析

## 69 程门立雪

《宋史·杨时传》

**原文赏析**

　　杨时字中立，南剑将乐人。幼颖异，能属①文，稍长，潜心②经史。熙宁九年，中进士第③。时河南程颢与弟颐④讲孔孟绝学⑤于熙、丰之际⑥，河、洛之士⑦翕然⑧师之。时调官不赴，以师礼见颢于颍昌，相得甚欢。其归也，颢目送之曰："吾道⑨南⑩矣。"四年而颢死，时闻之，设位哭寝门⑪，而以书赴告⑫同学者。至是，又见程颐于洛，时盖年四十矣。一日见颐，颐偶瞑坐⑬，时与游酢⑭侍立不去。颐既觉⑮，则门外雪深一尺矣。……德望日重，四方之士不远千里从⑯之游⑰，号曰"龟山先生"。

**词语释义**

①属（zhǔ）：写作。　②潜心：用心，专心。　③中进士第：考取进士科的等第。第：等第，等级。　④程颢与弟颐：程颢和其弟程颐并称"二程"，为北宋著名的理学家。　⑤绝学：失传了的学问。　⑥熙、丰之际：宋神宗熙宁、元丰年间。　⑦河、洛之士：黄河、洛水周边的读书人。河：黄河。洛：洛水。　⑧翕（xī）然：一致的样子。　⑨道：学说。　⑩南：南传，向南方传播，名词活用作动词。　⑪寝门：古礼天子五门，诸侯三门，大夫二门，最内之门曰寝门，后泛指内室之门。引申指卧室。　⑫以书赴告：用书信讣告。赴：通"讣"。书：书信。　⑬瞑坐：坐着小睡。　⑭游酢（zuò）：字定夫，建州建阳人，北宋理学家，程门四大弟子之一。　⑮觉：醒来。　⑯从：追随。　⑰游：结交，交往，这里特指求学。

## 全文翻译

　　杨时，字中立，剑南将乐人。年幼时就聪颖异常，善于写文章；年纪稍大一点后，就专心研究经史典籍。宋熙宁九年进士及第。熙宁、元丰年间，河南人程颢和弟弟程颐在当地讲授失传了的孔子和孟子的学术精要（即理学），黄河、洛水周边的读书人都争相拜他们为师。杨时正值调任，（但为了拜师）而没去赴任，在颍昌拜程颢为师，师生相处得很好。杨时回去时，程颢目送他说："我的学说将向南方传播了。"过了四年，程颢去世。杨时听说后，在卧室设立程颢的灵位哭祭，又用书信讣告同门。到这时候，他又到洛阳拜见程颐，这时杨时大约已经四十岁了。有一天（杨时去）拜见程颐，程颐正坐着小睡，杨时与同学游酢就一直侍立在（门外）没有离开。程颐醒来以后，门外的雪已经一尺多深了。……后来，杨时的德行和声望一日比一日高，四面八方的读书人不远千里追随他，向他求学，（他）被称为"龟山先生"。

## 知识拓展

　　杨时不仅聪颖好学，而且尊师重道。"程门立雪"的故事中，杨时与游酢站在雪地里，任由冰冷雪花和刺骨北风的侵袭，依然恭恭敬敬地等待老师。这个故事告诉我们要继承和发扬尊师重教的传统美德。颜渊曾以"仰之弥高，钻之弥坚"表达对恩师孔子的敬仰，而这种对老师的尊敬也对现代人有积极的引导作用。"人非生而知之者"，尊师重教，不断求索，才能使我们提升修养，精进学问，走向更美的远方。

## 70 王冕僧寺夜读

### 《宋学士文集·王冕传》

**原文赏析**

王冕者，诸暨①人。七八岁时，父命牧②牛陇③上，窃④入学舍⑤，听诸生⑥诵书，听已⑦，辄⑧默记。暮归，忘其牛。或⑨牵牛来责蹊田⑩。父怒挞⑪之。已而复如初。母曰："儿痴⑫如此，曷不听⑬其所为？"冕因去⑭，依⑮僧寺以居。夜潜⑯出坐佛膝上，执策⑰映长明灯⑱读之，琅琅达旦⑲。佛像多土偶⑳，狞恶可怖㉑，冕小儿，恬㉒若不见。

安阳韩性闻而异㉓之，录㉔为弟子，学遂为通儒㉕。性卒，门人事冕如事性。时冕父已卒，即迎母入越城就养。久之，母思还故里，冕买白牛架

**词语释义**

①诸暨：县名，即现在的浙江省诸暨市。　②牧：放牧。　③陇：同"垄"，田埂。　④窃：偷偷地。　⑤学舍：学堂。　⑥诸生：学生们。　⑦已：结束，完毕。　⑧辄(zhé)：就。　⑨或：有人。　⑩蹊(xī)田：践踏田地，指踩坏了庄稼。　⑪挞(tà)：用鞭子、棍子等抽打。　⑫痴：入迷，痴迷。　⑬听：听凭。　⑭去：离开。　⑮依：投靠，借着。　⑯潜：暗暗地、悄悄地走。　⑰执策：拿着书。策：同"册"，书本。　⑱长明灯：佛像前昼夜不熄的灯。　⑲达旦：到早晨，到天亮。旦：早上，天亮。　⑳偶：偶像，佛像。　㉑狞恶可怖：狰狞凶恶，令人害怕。　㉒恬：内心安然的样子，这里指王冕没有丝毫畏惧。　㉓异：对……感到惊讶，形容词意动用法。　㉔录：收。　㉕通儒：博学多通的儒生。　㉖被：同"披"，这里指穿戴。　㉗遮道：拦在路上。遮：拦截。　㉘讪(shàn)笑：讥笑。

142

母车，自被㉖古冠服随车后。乡里儿竞遮道㉗讪笑㉘，冕亦笑。

## 全文翻译

　　王冕是诸暨县人。七八岁的时候，父亲让他在田埂上放牛，（他）偷偷地进入学堂，听学生们读书，听完以后，就默默地记在脑子里。傍晚回家的时候，（他）把牛都忘记了。有人牵着牛来责怪（他们的牛）践踏了田地。王冕的父亲生气地用鞭子打了王冕一顿。过了不久，又出现了上次的情况。他的母亲说："这孩子对读书这么入迷，为什么不随他去呢？"王冕于是离开家，投靠一座寺庙居住。他坐在庙内佛像的膝盖上，拿着书映着佛像前长明灯的灯光诵读，书声琅琅一直到天亮。佛像大多是土质的偶像，面目狰狞，凶恶可怕。当时王冕还是个小孩子，却能内心恬静（毫不畏惧），仿佛没看到一样。

　　安阳的韩性听说后，认为王冕很出奇，将他收作学生，（王冕后来）终于成为博学通达的大儒。韩性去世以后，韩性的门人对待王冕像对待韩性一样。当时王冕的父亲已经去世了，于是王冕把母亲迎接到越城奉养。时间长了，母亲想要回老家，王冕就买来白牛给母亲驾车，自己戴着古冠，穿着古代的衣服跟在车后。乡里的孩子们都拦在路上看，觉得好笑，王冕自己也笑了。

## 知识拓展

　　王冕之所以成为著名的画家、诗人，其根本原因在于王冕幼时读书专心致志，好学不倦，并且达到痴迷的程度。这种坚定的志向与顽强的精神，是他后来成为大儒的基石。西汉的匡衡家中贫困，便凿壁偷光、刻苦读书，最终成为大学者。"少壮不努力，老大徒伤悲。"我们青少年要珍惜青春年华，发奋学习科学文化知识，为将来报效祖国奠定坚实的基础。

# 71 赵人患<sup>①</sup>鼠

《郁离子》

**原文赏析**

赵人患鼠,乞<sup>②</sup>猫于中山<sup>③</sup>,中山人予之。猫善捕鼠及鸡,月余,鼠尽而其鸡亦尽。其子患之,告其父曰:"盍去诸<sup>④</sup>?"其父曰:"是<sup>⑤</sup>非若<sup>⑥</sup>所知也。吾之患<sup>⑦</sup>在鼠,不在乎无鸡。夫有鼠,则窃吾食,毁吾衣,穿<sup>⑧</sup>吾垣墉<sup>⑨</sup>,坏伤吾器用,吾将饥寒焉。不病于<sup>⑩</sup>无鸡乎?无鸡者,弗<sup>⑪</sup>食鸡则已耳<sup>⑫</sup>,去<sup>⑬</sup>饥寒犹远,若之何<sup>⑭</sup>而去夫猫<sup>⑮</sup>也!"

**词语释义**

①患:忧虑,对……感到忧虑,动词意动用法。 ②乞:求,讨。 ③中山:古国名,在今河北正定东北。 ④盍去诸:为何不把它赶走呢?盍:何不,为什么不。诸:兼词,相当于"之乎"。 ⑤是:这。 ⑥若:你。 ⑦患:担忧,作名词。 ⑧穿:打穿。 ⑨垣(yuán)墉(yōng):墙壁。 ⑩病于:比……有害。病:有害。于:比。 ⑪弗:不。 ⑫耳:罢了。 ⑬去:离,距离。 ⑭若之何:为什么。 ⑮去夫猫:赶走那只猫。去:赶走。夫:那,那只,指示代词。

**全文翻译**

赵国有个人担忧家里的鼠患,到中山国讨要猫,中山国的人给了他一只猫。(这)猫善于捕捉老鼠和鸡,一个多月后,老鼠被猫吃光了,鸡也被猫吃光了。他的儿子对此感到担忧,对他的父亲说:"为何不赶走猫呢?"他的父亲说:"这不是你能明白的。我的担忧在于有老鼠，不在于没有鸡。有了老鼠，（它们）就会偷我们的粮食，毁坏我们的衣服，打穿我们的墙壁，破坏我们的器具，我们将会挨饿受冻，这不是比没有鸡危害更大吗？没有鸡的话，只是不吃鸡而已，我们距离挨饿受冻还远着，为什么要赶走那只猫呢？"

## 知识拓展

"赵人患鼠"的故事告诉我们，凡事都有两面性，要抓住主要矛盾。在鱼与熊掌不可兼得时，要有所取舍。故事中的猫之于人，功大于过，所以赵人决定留它。在"烽火戏诸侯"中，为博美人一笑而丢了诸侯信任的周幽王，还有"买椟还珠"的郑人，都是不分轻重主次的典型。我们当取其所必需，取其所当有，取其所该有，而舍其不能有，舍其不当有，舍其不必有。要想达到目标，往往在某些方面需要做出牺牲。有舍才有得，万物莫不是如此。

# 72 常羊学射

《郁离子》

## 原文赏析

常羊学射于①屠龙子朱。屠龙子朱曰："若②欲闻射道③乎？楚王田④于云梦⑤，使⑥虞人⑦起⑧禽而射之。禽发⑨，鹿出于王左，麋交⑩于王右。王引⑪弓欲射，有鹄⑫拂王旃⑬而过，翼若垂云⑭。王注矢于弓⑮，不知其所射。养叔⑯进曰：'臣之射也，置⑰一叶于百步之外而射之，十发而十中。如使⑱置十叶焉⑲，则中不中，非臣所能必⑳矣。'"

## 全文翻译

常羊跟屠龙子朱学射箭。屠龙子朱说："你想知道射箭的方法吗？楚王在云梦泽围猎，派掌管山泽的官员把禽兽们轰赶出来射杀它们。禽兽们跑出来了，鹿出现在楚王的左边，麋出现在楚王的右边。楚王拉开弓箭准备射的时候，有只天鹅拂过楚王的红色旗

## 词语释义

①于：向。　②若：你。　③道：方法。　④田：通"畋（tián）"，打猎。　⑤云梦：古代湖泽名，泛指春秋战国时楚王的游猎区。　⑥使：让。　⑦虞（yú）人：古代管山泽的小官吏。　⑧起：把（禽类）轰赶出来，动词使动用法。　⑨发：跑出来。　⑩交：交错。　⑪引：拉。　⑫鹄（hú）：天鹅。　⑬旃（zhān）：赤色的曲柄旗。　⑭垂云：低垂下来的云。　⑮注矢于弓：把箭搭在弓上。注：搭箭。　⑯养叔：名养由基，楚国擅长射箭的人。　⑰置：放。　⑱如使：假如。　⑲焉：于之，在那里。　⑳必：完全肯定。

帜，展开的翅膀大得犹如一片垂下的云朵。楚王把箭搭在弓上，不知道要射哪个。养叔上前说道：'我射箭的时候，把一片树叶放在百步之外去射，射十次，十次都射中。如果（我）在百步之外放十片叶子，那么能不能射中就很难说了！'"

## ▍知识拓展▍

"常羊学射"的故事告诉我们，做任何事情都必须专心致志，并且目标要明确。"千鸟在林，不如一鸟在手"，人生短暂，只有不为外界所诱惑和干扰，专注于自己的目标，才能最终获得成功。《孟子·告子上》中也有类似的故事，弈秋的两个徒弟，一个心无旁骛，专心听从老师的教导，终于成了下棋的高手；一个三心二意，结果学无所成。齐宣王曾经聘请孟子做客卿，可是孟子却告辞而去，也是因为齐宣王不是能专心听从意见的君主。"头悬梁"的孙敬和"锥刺股"的苏秦，都是专心致志的典范，他们后来也有所成就，为人所敬仰。

## 73 寒花①葬志

《震川先生文集》

### 原文赏析

婢，魏孺人②媵③也。嘉靖丁酉④五月四日死，葬虚丘⑤。事我而不卒，命也夫！

婢初媵时，年十岁，垂双鬟⑥，曳⑦深绿布裳。一日，天寒，爇⑧火煮荸荠⑨熟，婢削之盈瓯⑩，予⑪入自外，取食之。婢持去，不与。魏孺人笑之。孺人每令婢倚几旁饭⑫，即饭，目眶冉冉⑬动。孺人又指予以为笑。

回思是时，奄忽⑭便已十年。吁，可悲也已！

### 全文翻译

婢女（寒花）是我妻子魏孺人的陪嫁丫环，死于嘉靖十六年五月四日，葬在土山之上。（婢女寒花）侍奉我却没能陪我到老，这是命啊！

### 词语释义

①寒花：婢女的名字。　②魏孺人：作者的妻子魏氏。孺人：古时候大夫妻子的称号，明清时七品官的母亲或妻子的封号。　③媵（yìng）：古代陪嫁的男女都称为媵，这里指陪嫁的女子。　④嘉靖丁酉：嘉靖十六年（1537年）。嘉靖：明世宗朱厚熜（cōng）年号（1522年—1566年）。　⑤虚丘：古虚丘邑在今山东省，这里的"虚丘"可能应为"丘虚"，即山陵。虚：通"墟"。　⑥鬟（huán）：妇女环形的发髻。　⑦曳（yè）：拖着，这里是穿的意思。　⑧爇（ruò）：点火，点燃。　⑨荸（bí）荠（qí）：多年生草本植物，根茎可以吃，也叫马蹄。　⑩盈瓯（ōu）：装满一盆。　⑪予：我。　⑫饭：吃饭，名词活用为动词，下句中的"饭"同。　⑬冉冉：缓慢移动或飘忽迷离。　⑭奄（yǎn）忽：形容时间流逝快。

婢女（寒花）当初陪嫁来我家时，才十岁，低垂着两个环形发髻，穿一袭拖地深绿色布衣长裙。有一天，天气很冷，家中烧火，把荸荠煮熟，她把荸荠削去皮削了一满盆，我从外面进屋，拿过来就吃。她（立即）拿开，不给我。我妻子就笑她（这种样子）。我妻子经常叫她趴在小矮桌上吃饭，她吃饭的时候，两个眼珠慢慢地转动着。我妻子又指给我看，（我们都）觉得好笑。

回想当时，一晃已经十年了。唉，真让人悲伤啊！

## 知识拓展

这篇短短的葬志虽写的是妻子的陪嫁婢女寒花，实际表达的却是作者归有光与魏孺人夫妻间真挚笃厚的感情。魏孺人不但贤惠，而且颇通文字，乐观好学。作者的另一篇名作《项脊轩志》里，记载魏孺人"时至轩中，从余问古事，或凭几学书"，她不以生活的艰辛为苦，还时时勉励夫君，"吾日观君，殆非今世人。丈夫当自立，何忧目前贫困乎？"在封建社会中，婚姻都是由"父母之命，媒妁之言"决定的，娶一个三从四德、相敬如宾的妻子并不难，难的却是找到一个心灵相通的知己。

## 74 治背驼

《雪涛小说·催科》

### 原文赏析

昔有医人，自媒①能治背驼，曰："如弓者，如虾者，如曲环者，延②吾治，可朝治而夕如矢③。"一人信焉，而使治驼。乃索④板二片，以一置地下，卧⑤驼者其上，又以一压焉，而即屣⑥焉。驼者随直，亦复随死。其子欲鸣诸官⑦。医人曰："我业⑧治驼，但⑨管人直，那⑩管人死！"

<table>
<tr><td colspan="2">词语释义</td></tr>
</table>

①媒：介绍，宣传。 ②延：邀请。 ③矢：箭杆。 ④索：索要。 ⑤卧：让……躺下，动词使动用法。 ⑥屣(xǐ)：鞋子，这里用作动词，踩踏。 ⑦鸣诸官：把他控告到官府。鸣：申诉，控告。诸：之于。 ⑧业：把……当作职业，名词意动用法。 ⑨但：只。 ⑩那：同"哪"。

### 全文翻译

从前有个医生，宣传说能治疗驼背。（他）说："（背驼得）像弓那样的人，像虾那样的人，像弯曲的环那样的人，请我去医治，早晨治疗了，晚上（他的背）就如同箭杆一般直了。"有个人相信了他，就请他医治驼背。（这个医生于是）要来两块木板，把一块放在地上，叫驼背的人躺在上面，又用另一块压在他身上，然后使劲地踩。驼背的人随即直了，但也随即死了。那驼背人的儿子要把他告到官府去。那个医生说："我的职业是治疗驼背，只管把驼背治直，哪管人是否被治死！"

　　故事中的医生，只管把人的背医直，却不顾驼背人的死活，是一种极端不负责任的行为。做事情如果只顾主观动机，不顾客观效果，那并不能把事情办成。赵王和平原君只看到上党这块地带来的利益，却看不到上党背后强大的秦国，结果导致国都被围的厄运；孩童时期的司马光，能明白砸破一只缸和解救一个人这两件事的轻重缓急，从而留下千古佳话。揠苗助长、刻舟求剑等成语故事，讲述的也是同样的道理。

# 75 北人啖①菱②

《雪涛小说·知无涯》

## 原文赏析

北人生而不识菱者，仕③于南方。席④上啖菱，并⑤壳入口。或曰："食菱须去壳。"其人自护⑥其短，曰："我非不知，并壳者，欲以⑦清热也。"问者曰："北土亦有此物否？"答曰："前山后山，何地不有？"夫菱生于水而⑧曰土产⑨，此坐⑩强⑪不知以为知也。

### 词语释义

①啖(dàn)：吃。　②菱：即菱角，水生草本植物，壳内果肉可食用。　③仕：做官。　④席：筵席。　⑤并：连同。　⑥护：遮掩。　⑦以：用来。　⑧而：表示转折，指却。　⑨土产：土地里出产。土：名词作状语，从土里。　⑩坐：因为，由于。　⑪强：勉强，硬生生。

## 全文翻译

有个出生以来就不认识菱角的北方人，在南方做官。（一次他）在酒席上吃菱角，连菱角的壳也一起放进嘴里（吃）。有人（对他）说："吃菱角必须去掉壳。"那人为了掩饰自己的短处，说："我并不是不知道（这一点），连壳一起吃进去，是想要清除内热。"问的人说："北方也有这种东西吗？"他回答说："前面的山，后面的山，哪里没有呢？"菱角生在水中，他却说是在土里长的，这是因为他硬生生地把不知道当作知道。

故事中，北人强不知以为知的做法和表现，在我们的现实生活中也是非常普遍的。三国时期，司马懿不懂诸葛亮布下的八卦阵，不懂装懂，派张虎、戴陵攻阵，结果全部被俘，大败而归。滥竽充数的南郭先生，最后也只能灰溜溜地逃走。"知之为知之，不知为不知，是知也。"孔子告诫子路的话，提醒我们要用踏实认真的态度去对待问题，避免虚伪、鲁莽的风气。世上的知识是无穷无尽的，而个人的认识能力是有限的，只有虚心潜学，才能得到真知。

# 76 骂鸭

《聊斋志异》

## 原文赏析

邑①西白家庄居民某，盗邻鸭烹之。至夜，觉肤痒。天明视之，茸生②鸭毛，触之则痛。大惧，无术可医③。夜梦一人告之曰："汝病乃天罚。须得失者骂，毛乃可落。"而邻翁④素⑤雅量⑥，生平失物，未尝征⑦于声色。某诡⑧告翁曰："鸭乃某甲⑨所盗。彼甚畏骂焉，骂之亦可警⑩将来。"翁笑曰："谁有闲气骂恶人。"卒⑪不骂。某益窘⑫，因⑬实告邻翁。翁乃⑭骂，其病良已⑮。异史氏曰："甚矣，攘⑯者之可惧也！一攘而鸭毛生！甚矣，骂音之宜戒也！一骂而盗罪减！然为善有术，彼邻翁者，是以⑰骂行其慈者也。"

## 词语释义

①邑：县。 ②茸生：像众多的细毛那样长出。茸：形容细密众多，名词作状语。
③医：医治。 ④翁：老年人，老头儿。 ⑤素：向来。
⑥雅量：度量宏大。 ⑦征：表露，表现。 ⑧诡：撒谎。 ⑨某甲：旧时书面语中称"某个人"，没有姓名，就说"某甲"。 ⑩警：警告。 ⑪卒：终究，最后。
⑫窘：尴尬。 ⑬因：于是，就。 ⑭乃：才。 ⑮良已：完全痊愈。良：真的，的确。已：止，指病好了。 ⑯攘（rǎng）：窃取。 ⑰以：用。

县城西边白家庄的某人，偷了邻居的一只鸭子煮着吃了。到夜里，（他）觉得全身发痒；天亮后一看，全身上下长满了一层细密的鸭毛，一碰就疼。（他）非常害怕，又没有办法医治。夜里，（他）梦见一个人告诉他说："你的病是上天对你的惩罚，（你）必须得到失主的一顿痛骂，这鸭毛才能脱落。"然而邻居老翁平素善良，心胸宽阔，丢了东西从来没有在话语和脸色上流露出（不快）来。偷鸭的人向老翁撒谎说："鸭子是某某人所偷，他非常害怕别人骂他，（你）骂他可以警告将来。"老翁笑道："谁有那么多闲工夫去骂这种品行恶劣的人。"他一直不肯骂。偷鸭的人很难为情，只好把实情告诉了邻居老翁。老翁这才骂，那人的病果然痊愈了。异史氏（指作者蒲松龄自己）说："偷东西这件事真是太可怕了。一偷就长鸭毛！骂人真该谨慎啊。一骂就减掉盗贼的罪过！行善讲求方法，那邻居老翁，是用骂人来行善啊！"

## 知识拓展

偷鸭导致身上长满鸭毛，非失鸭主人骂不可除。这则看似诙谐有趣的故事，告诉我们的却是一个严肃的道理："若要人不知，除非己莫为。"做违背良心的事，迟早会为自己的恶行付出代价。儒家以慎独作为自己修身养性的标准，时时告诫自己"莫见乎隐，莫显乎微，故君子慎其独也"。"日勤三省"的曾子，"夜惕四知"的杨震，都是恪守慎独的典范。"掩耳盗铃"的盗铃者和"一叶障目"的障目者，既傻且贪，落为千古笑柄。"骂音之宜戒"，受害者也不能姑息纵容恶人恶事，应该及时揭发、打击。"东郭先生与狼"中的东郭先生，"农夫与蛇"中的农夫，都是因为包庇恶类，险些被害。

# 77 口技

《虞初新志·秋声诗自序》

**原文赏析**

　　京中有善①口技者。会②宾客大宴③，于厅事④之东北隅⑤，施⑥八尺屏障⑦。口技人坐屏障中，一桌、一椅、一扇、一抚尺⑧而已，众宾团坐。少顷，但闻⑨屏障中抚尺一下，满坐⑩寂然，无敢哗者。

　　遥闻深巷中犬吠，便有妇人惊觉欠伸⑪，其夫呓语⑫。既而⑬儿醒，大啼，夫亦醒。妇抚儿乳，儿含乳啼，妇拍而呜⑭之。又一大儿醒，絮絮⑮不止。当是时，妇手拍儿声，口中呜声，儿含乳啼声，大儿初醒声，夫叱⑯大儿声，一时齐发，众妙毕备⑰。满坐宾客，无不伸颈，侧目⑱，微笑，默叹，以为妙绝。

　　未几，夫齁⑲声起，妇拍儿亦渐拍渐止。微闻有鼠，作作索索⑳，盆

**词语释义**

① 善：擅长。　② 会：适逢，正赶上。　③ 宴：举行宴会，名词作动词。　④ 厅事：大厅，客厅。　⑤ 隅（yú）：角落。　⑥ 施：设置，安放。　⑦ 屏障：指屏风、围帐一类用来隔断视线的东西。　⑧ 抚尺：艺人表演用的道具，也叫"醒木"。　⑨ 但闻：只听见。但：只。闻：听见。　⑩ 坐：通"座"。　⑪ 惊觉欠伸：惊醒后打哈欠，伸懒腰。欠伸：打哈欠，伸懒腰。　⑫ 呓语：说梦话。　⑬ 既而：不久。　⑭ 呜：指轻声哼唱着哄小孩入睡。　⑮ 絮絮：连续不断地说话。　⑯ 叱：大声呵斥。　⑰ 众妙毕备：各种妙处都具备，意思是各种声音都模仿得极像。毕：全，都。备：具备。　⑱ 侧目：偏着头看，形容听得入神。　⑲ 齁（hōu）：打鼾。　⑳ 作作索索：老鼠活动的窸窸窣窣声。

器倾侧。妇梦中咳嗽。宾客意少舒㉑，稍稍㉒正坐。

忽一人大呼"火起！"夫起大呼，妇亦起大呼，两儿齐哭。俄而㉓百千人大呼，百千儿哭，百千犬吠。中间㉔力拉崩倒㉕之声，火爆声，呼呼风声，百千齐作，又夹百千求救声，曳屋㉖许许㉗声，抢夺声，泼水声，凡所应有，无所不有㉘。虽㉙人有百手，手有百指，不能指其一端；人有百口，口有百舌，不能名㉚其一处也。于是宾客无不变色离席，奋㉛袖出㉜臂，两股㉝战战㉞，几㉟欲先走㊱。

忽然抚尺一下，群响毕绝㊲。撤屏视之，一人、一桌、一椅、一扇、一抚尺而已。

## 全文翻译

京城里有一个善于表演口技的人。（一天）正好碰上有一户人家大摆酒席请客，在大厅的东北角，安放了一个八尺宽的屏风，表演口技的艺人坐在屏风中，里面（只放了）一张桌子、一把椅子、一把扇子、一块醒木而已。客人们围坐在一起。过了一会儿，只听得屏风里醒木一拍，全场都安静下来，没有一个人敢喧哗。

远远地听到深巷里有狗叫，有一个妇人被惊醒，打哈欠、伸懒腰。她丈夫说梦话。一会儿小孩子醒了，大声啼哭，丈夫也醒了。妇人拍抚孩子（给他）喂奶，孩子口里含着乳头啼哭，妇人拍着孩子呜呜地哼唱着哄他睡觉。又有一个大孩子也醒了，连续不停地说着话。在这时候，妇人用手拍孩子的声音，口中呜呜哼唱的声音，小孩子含着乳头啼哭的声音，大孩子刚刚醒来的声音，丈夫大声呵斥大孩子的声音，同时都响了起来，各种声音都表演得惟妙惟肖。全场宾客没有不伸长脖子，偏着头凝视的，（他们）微笑着，默默赞叹，认为妙极了！

没多久，丈夫的鼾声响起来了，妇人拍孩子的声音也渐渐地拍一会儿停一会儿。隐隐地听到有老鼠（发出）窸窸窣窣的声音，盆碗等器物打翻（的声音），妇人在梦中咳嗽的声音。客人们（听到这里）心情稍微放松，渐渐坐正了身子。

突然有个人大声呼喊："失火了！"丈夫起身大声呼喊，妻子也起身大声呼喊，两个孩子一齐哭了起来。一会儿成百上千的人大声呼喊起来，成百上千的小孩儿哭了起来，成百上千的狗叫了起来。中间夹着噼里啪啦房屋倒塌的声音，烈火燃烧而发出的爆烈声，呼呼的风声，千百种声音一齐响了起来；还夹杂着成百上千人的求救声，（救火的人们）拉燃烧着的房子时发出的声音，（在火中）抢夺物件的声音，泼水的声音。凡是（火场中）应该有的声音，没有一样不具备的。即使一个人有一百只手，一只手上有一百个指头，也不能指出其中的一种声音来；即使一个人有一百张嘴，一张嘴有一百个舌头，也不能说出其中的一个地方来。在这种情况下，客人们没有不吓得变了脸色离开座位的，（他们）扬起衣袖露出手臂，两条腿索索发抖，几乎都想抢先逃跑。

忽然醒木一拍，各种声响全都消失。撤掉屏风一看，一个人、一张桌子、一把椅子、一把扇子、一块醒木而已。

　　仅凭一张嘴就能模拟出各种不同声响，而且达到以假乱真的境界，口技艺人的高超技艺可见一斑。高超的古代工艺被记载下来的有很多：《核舟记》里的王叔远，用桃核雕成窗栏俱全、精妙绝伦的小舟；《庖丁解牛》里的庖丁解牛时，奏刀𬸪然，莫不中音；《卖油翁》中的卖油翁，以杓酌油沥入钱孔，而钱不湿。这些都表现了极为精湛的技艺。而这些技艺的习得，靠的是艺人长期的仔细观察、专心揣摩和勤学苦练。如卖油翁所言："无他，唯手熟尔。"这种工匠精神，需要我们一代代人用心传承。

# 78 蜀①鄙②二僧

《白鹤堂文集》

## 原文赏析

蜀之鄙有二僧，其一贫，其一富。贫者语③于富者曰："吾欲④之⑤南海，何如⑥？"富者曰："子⑦何恃⑧而往？"曰："吾一瓶一钵⑨足矣。"富者曰："吾数年来欲买舟⑩而下⑪，犹未能也。子何恃而往？"越⑫明年，贫者自南海还，以⑬告富者。富者有惭色⑭。

## 全文翻译

四川的边境有两个和尚，其中一个贫穷，一个富有。穷和尚对富和尚说："我想要到南海去，怎么样？"富和尚说："你凭什么条件去南海呢？"（穷和尚）说："我只要带一个瓶子和一个饭钵就足够了。"富和尚说："我几年来一直想要雇船顺江而下，尚且没能去成，你凭借什么去南海呢？"到了第二年，穷和尚从南海回来，把（他已经去过南海的

### 词语释义

①蜀：四川。　②鄙：边远的地方，边境。　③语(yù)：告诉，对……说。　④欲：想要，要。　⑤之：往，到……去。　⑥何如：怎么样，宾语前置，正常语序是"如何"。　⑦子：你，对对方尊敬的称呼。　⑧何恃：凭借什么，宾语前置，正常语序是"恃何"。何：什么。恃：凭借，倚仗。　⑨钵(bō)：佛教徒盛饭食的用具。　⑩买舟：雇船。　⑪下：顺江而下。　⑫越：到，及，指经过了一些时间，到了第二年。　⑬以：介词，把。　⑭色：脸色，神色。

事）告诉了富和尚。富和尚脸上露出了惭愧的神色。

**知识拓展**

　　贫富两僧想去南海，富者一直想雇船去，没去成，贫者苦行一年而返。天下无难事，有志者事竟成。没有经过努力，不可能获得成功。"铁杵磨针""临池学书""愚公移山""悬梁刺股"……关于古人持之以恒的故事不胜枚举。"书山有路勤为径，学海无涯苦作舟""宝剑锋从磨砺出，梅花香自苦寒来"等诗句亦俯拾即是。这些故事、诗句的目的就是为了让勤学苦练、努力向上这样的道德精神植根于人心，代代相传。

# 79 世无良猫

《耳食录》

**原文赏析**

某①恶②鼠，破家③求良猫。厌④以⑤腥膏⑥，眠以毡罽⑦。猫既饱且安，率⑧不捕鼠，甚者与鼠游戏，鼠以故⑨益⑩暴⑪。某怒，遂⑫不复蓄⑬猫，以为天下无良猫也。

**全文翻译**

有个人非常讨厌老鼠，（他）倾尽他的家财，找了一只好猫。（他）用大鱼大肉把猫喂得饱饱的，用棉垫毯子让猫睡（得舒舒服服的）。猫的生活既饱足又舒适，就一概不去捕捉老鼠了，更有甚者还与老鼠一块玩乐，老鼠因此更加猖獗。这人十分生气，就再也不在家里养猫了，（他）认为这个世界上没有什么好猫。

**词语释义**

①某：某个人，指不确定的人。 ②恶(wù)：厌恶，讨厌。 ③破家：倾尽家财。 ④厌：使……喂饱，形容词使动用法。 ⑤以：用。 ⑥腥膏：鱼和肥肉，这里泛指鱼肉等美食。 ⑦毡罽(jì)：棉垫毯子。 ⑧率：一概，都。 ⑨以故：因此。故：原因。 ⑩益：更加。 ⑪暴：猖獗。 ⑫遂：于是。 ⑬蓄：养。

　　并非世无良猫，而是过度的溺爱，会让猫变得懒惰，不去捕鼠。猫是这样，人也如此。环境过于安逸，人就会不思进取。春秋时吴王阖闾打败越国后贪图享乐，终致亡国；唐庄宗李存勖打下天下后宠信伶人，死于叛乱；明末农民起义军首领李自成攻入北京后急于求成，结果功败垂成。这些都是耽于安乐而导致国亡、身死、事败的活生生实例。而越王勾践失国后卧薪尝胆，"衣不重采（彩）"，励精图治，终于报仇雪耻，得以复国。"生于忧患，死于安乐"，亚圣孟子早就深刻而又生动地揭示了逆境对于成才的重要性，这可以说是亘古不变的至理名言，我们必须警醒牢记。

## 80 童趣

《浮生六记·闲情记趣》

**原文赏析**

余①忆童稚②时，能张目对日，明察秋毫③。见藐④小微物，必细察其纹理，故时有物外之趣⑤。

夏蚊成雷，私拟作群鹤舞于空中，心之所向，则或千或百，果然鹤也。昂首观之，项⑥为之强⑦。又留蚊于素帐⑧中，徐⑨喷以烟，使之冲烟而飞鸣，作青云白鹤观，果如鹤唳⑩云端，为之怡然⑪称快。

余常于土墙凹凸处、花台小草丛杂处，蹲其身，使与台齐，定神细视，以丛草为林，以虫蚁为兽，以土砾凸者为丘，凹者为壑（壑），神游其中，怡然自得。

一日，见二虫斗草间，观之，兴⑫正浓，忽有庞然大物，拔山⑬倒树而来，盖一癞虾蟆，舌一吐而二虫

### 词语释义

①余：我。 ②稚：幼小。
③秋毫：鸟类到了秋天，重新生出来的非常纤细的羽毛,后用来比喻最细微的事物。 ④藐：小。 ⑤物外之趣：这里指超出事物本身的乐趣。 ⑥项：脖颈。
⑦强(jiāng)：通"僵"，僵硬，不灵活。 ⑧素帐：未染色的白帐子。 ⑨徐：慢慢地。 ⑩唳：鸟鸣。 ⑪怡然：安适、愉快的样子。然：……的样子。 ⑫兴：兴致，兴头。 ⑬拔山：拔起山，掀翻山，形容力气巨大。 ⑭方：正。 ⑮鞭：鞭打，名词活用为动词。

尽为所吞。余年幼，方⑭出神，不觉呀然一惊，神定，捉虾蟆，鞭⑮数十，驱之别院。

## 全文翻译

　　我回想自己在年幼的时候，能睁大眼睛直视太阳，清楚地观察极细小的事物。遇见细小的东西，一定要仔细观察它的纹理，所以常常能感受到超脱事物本身的乐趣。

　　夏夜里，蚊群发出雷鸣般的声音，我心里把它们想作群鹤在空中飞舞，心里这么一想，（它们似乎）就果真成了成千上百的鹤。（我）抬头看着它们，连脖子也因此变得僵硬了。我把蚊子留在白色帐子里，慢慢地用烟喷向它们，使它们冲着烟边飞边叫，（我把这一景象）想像成一幅青云白鹤图，（蚊群）就果真像鹤群在高空云端发出叫声一样，（这）让我感到高兴极了。

　　我常在土墙高低不平的地方，花台上杂草丛生的地方蹲下身子，使（身子）跟台子一样高，静下心来仔细观察，把丛草当成树林，把蚂蚁虫子当成野兽，把土块凸出部分当成山丘，低陷部分当成山沟，在这个小世界里遐想神游，（我感到）愉快而又满足。

　　有一天，（我）看见两只小虫子在草间相斗，就观察它们，兴味正浓时，忽然有个极其庞大的东西以掀翻山压倒树的势头过来，原来是一只癞虾蟆，（它）舌头一伸，两只小虫子就全被（它）吃掉了。我那时年纪很小，正看得出神，不禁"呀"的一声惊叫起来。等到心神安定下来，（我）便捉住了这只癞虾蟆，抽了它几十鞭子，把它赶到别的院子去了。

## 知识拓展

　　童趣是儿童最宝贵的财富。大人眼中随意平常的一个景象或事物，通过儿童丰富的想象和联想，会变成美丽而又奇特的东西。胡令能《小儿垂钓》里蓬头稚子"怕得鱼惊不应人"的生动表情，袁枚《所见》里骑黄牛的牧童"意欲捕鸣蝉，忽而闭口立"的可爱神态，都充满童趣。辛弃疾《清平乐·村居》里卧剥莲蓬的小儿，杨万里《宿新市徐公店》里急走追黄蝶的儿童，叶绍翁《夜书所见》里挑促织的儿童，个个都天真烂漫，令人莞尔。李白《古朗月行》中，作者回忆自己小时候不认识月亮，将月亮呼作白玉盘，"又疑瑶台镜，飞在青云端"，表现的也是与《童趣》中同样的物外之趣。

# 后记

　　随着义务教育阶段对传统文化的日益重视，培养青少年经典诗词赏析与优秀古文品读能力的重要性也日益凸显。尽管已有一些相关读物面世，然而令人遗憾的是，这些读物或者仅限于对教材所选诗文的解析，或者只是古文选段加上现代汉语翻译，或者过于偏重应试……市场上尤其缺乏对学习古文必备的基本词语的词义进行系统解说的读物。有感于此，本编委会着手本丛书的编写事宜。

　　考虑到本丛书的读者定位是小学高年级学生及初中生，编委会成员经过多次沟通商讨，依据初中语文教学大纲，兼顾青少年文学素养的拓展，遴选了适宜这个年龄层次的经典诗词、优秀古文及常用文言字词，通过"词语释义""诗意品析""知识拓展""深入解析"等板块进行深入浅出的词语阐释和诗词品鉴，培养青少年学习古文和鉴赏古典诗词的能力。由于时代变迁，社会文化背景以及语言都发生了巨大的变化，对于诗词古文中的某些词语有时也存在不同的理解，遇到此类情况，我们在表明自己观点的同时，也兼列其他观点。这样做一方面是为了供读者思考和选择，另一方面也表明我们并非无视不同见解。

　　本丛书在编写过程中，参酌了先哲时贤的研究成果，还有幸承蒙浙江大学博士生导师祝鸿熹教授、俞忠鑫教授、陶然教授拨冗指教，在本丛书即将付梓之际，对他们谨致谢忱！同时，感谢周诗宜、刘玥、王嘉钰、朱辰雨、郑凯元、黄宋天择、金添、徐跃彰、杨悦彤、张芸嘉为本丛书的讲解及朗诵部分献声。

韩愈《赠别元十八协律六首》云："读书患不多，思义患不明。患足已不学，既学患不行。"希望这套丛书能够为青少年读者打开一扇古典文学的窗牖，管窥经典古诗文的魅力，洞察文言字词的古今变化，增加对古文学习和思考的兴趣，让优秀传统文化浸润每位读者的心田！

《积跬致远》丛书　主编

癸卯孟夏